Rights of
Equality

吉田仁美 Hitomi Yoshida

平等権のパラドクス

ナカニシヤ出版

はじめに

　だれもが偏見や差別に悩まされず，それに起因する重いハンデを負うこともなく，自分の才能や人柄を生かして活躍できる社会を実現することは，人権保障の目的の1つである。

　日本国憲法の14条は，「法の下の平等」として，平等原則を定め，公理——つまり，政府に対する差別を禁ずる命令だという側面をもつとともに，具体的な権利としての平等権を保障するという側面をもつものと解される。まれに，14条を公理のみの側面からとらえる見解もあるが，両面をあわせもつものと考えるのが一般的である。

　平等の概念は，ギリシャ以来，ドウォーキン（R. M. Dworkin）やロールズ（J. Rawls）を含む多くの思想家の心をとらえてきた。「平等」とはなにかを議論するとき，その答えを見出すことはきわめて困難だが，本書のテーマは，哲学的な「平等」の概念ではない。本書の関心は，そうした古今の多種多様な平等の概念をいかようにか引き受けて，憲法に規定された公理としての平等・平等権の保障に関する規程を，実際的に，その規程に期待された役割（効果・効力）の面から，どのように解釈すべきかである。平等原則と，公理としての平等・平等権の関係は，後に検討するが，本書の主題は，平等権の保障の在り方である。

　日本国憲法14条の起草は，後段の部分は，アメリカ憲法の平等保護条項をモデルにしたものである。アメリカ憲法の公理としての平等・平等権の保障に関する規程は，南北戦争後に制定された修正14条の平等保護条項に発する。その後，連邦政府に対する修正5条によるデュー・プロセスの保障の中に，平等保護の要素が含まれると解されるようになる。しかし，百数十年にわたる運用の中で，これらの公理としての平等・平等権の保障に関する規程は，その解釈において，規程に期待された役割を没却するような，問題のある志向を示すことが明らかになってきた。マイノリティー（数の問題ではなく，政治的な力関係の問題とみるべきだが）[1]を保護するだけでなく，マジョリティーをも保護する「中立的な」解釈がめざされ，差別の認定を困難にし，救済施策等を阻害して，もともと目的とされたマイノリティー

---

1) 国際人権法における，人権主体たる集団である「マイノリティー」については，浦部法穂・横田耕一（対談）「憲法学を問う　マイノリティーの人権」法学セミナー554号（2001）42頁。

の保護に効果を発揮しなくなってしまうのである。

　日本国憲法 14 条も，後述するように，同じ問題を抱えている。公理としての平等・平等権の保障に関する規程に共通する効果に，問題が起因するからである。

　本書では，日本国憲法 14 条の抱える「中立化」への志向を説明するとともに，平等権の保障に関する規程が抱えるこの問題を顕著にあらわしてきた，アメリカのアファーマティブ・アクションをめぐる論争を紹介する。そのうえで，この平等権のパラドクスにどのように対処すべきか，ささやかな提言をしてみたい。

目　次

はじめに　*i*

第 I 部　平等権の保障と財の再配分

第 1 章　第 1 部概説 ——————————— 4

第 2 章　最高裁判所と14条 ——————————— 7
1　平成以降の最高裁大法廷判決　*7*
2　国籍法事件　*8*
3　外国人の公務就任権　*10*
4　婚外子の法定相続分差別　*12*

第 3 章　実質的平等の理論 ——————————— 16
1　「法の下の平等」　*16*
2　初期の平等権分析と実質的平等　*17*
3　「生存権的基本権」の保障と平等権　*18*
4　検　討　*30*
5　平等権の課題　*31*

第 II 部　アファーマティブ・アクションと平等保護のパラドクス

第 4 章　第 2 部概説 ——————————— 36

第 5 章　厳格審査への途 ——————————— 44
1　アファーマティブ・アクションの合憲性審査基準をめぐる論争　*44*
2　アファーマティブ・アクションの先例と合憲性審査基準の推移　*46*

第 6 章　アファーマティブ・アクションと厳格審査 ——————————— 65
1　アファーマティブ・アクションへの厳格審査の適用　*65*
2　Adarand 判決の概要と争点　*66*
3　アファーマティブ・アクションの合憲性審査基準　*69*

4　Adarand 判決の意味したこと　*88*

第7章　Adarand 判決の影響とその後 ―― *95*
　1　Adarand 判決の影響　*95*
　2　Adarand 判決後　*100*

第8章　高等教育の入学選考における人種的考慮の合憲性
　　　　── *Grutter* 判決 ―― *106*
　1　事　実　*106*
　2　判　旨　*107*
　3　検　討　*111*

第9章　初等中等教育の就学指定等における人種的考慮の合憲性
　　　　── *PICS* 判決 ―― *113*
　1　事　実　*113*
　2　判　旨　*115*
　3　検　討　*123*

第10章　厳格審査の運用の厳格化── *Fisher* 判決 ―― *129*
　1　事　実　*129*
　2　判　旨　*132*
　3　検　討　*138*

第11章　アファーマティブ・アクションを禁ずる州憲法修正の合憲性
　　　　── *Schuette* 判決 ―― *141*
　1　事　実　*142*
　2　判　旨　*143*
　3　検　討　*151*

第12章　パラドクスからの脱却 ―― *156*
　1　アメリカ憲法理論の挑戦　*156*
　2　日本国憲法 14 条への提案　*158*

　　おわりに　*168*

刊行にあたって　*169*
判例索引　*170*
略語一覧　*175*
事項索引　*176*
人名索引　*178*
初出一覧　*181*

平等権のパラドクス

第Ⅰ部

平等権の保障と財の再配分

第1章
第1部概説

　実質的不平等は，今日の社会では，なにより私有財産との関係で生ずる。したがって，ここで実質的な平等をもたらそうとすれば，形式的な不平等をあえて忍ばなければならない場合が必然的に出てくる。［…中略…］素朴な言葉で表現すれば，金持ちとか，貧乏人とかいう身分を理由として，前者の不利益において後者の利益になる方策——すなわち，差別待遇——を実行することを除いて，憲法の求めている社会国家の理想を実現する道はない[1]。

　宮沢俊義教授は，合理的な差別とはなにかを論ずる中で，上記のように述べている。

　日本国憲法では14条に規定された平等権は，直接的に財の再配分を引き起こしうる強力な条項である。他の条文，たとえば，表現の自由については，諸説あるが，民主主義にとって重要な権利であるが故に，自己統治の観点から，厚い保護が要請され，伝統的な学説では，違憲審査基準として厳格審査などのより厳格な審査基準の適用が求められるとされる。表現の自由は，政府批判を可能にし，政治的な活動を擁護する規程で，最高裁における21条のもとでの勝訴例は，堀越事件における適用違憲判決と，メイプルソープ事件判決くらいしかない[2]。これほどに恐れられている表現の自由は，しかし，ダイナミックな政治的な動きを生じる可能性はあるものの，（その動きが社会変革に至るような程度に達しない限り）直接的には，なんら財の再配分を生じない。平たくいえば，表現の自由の保護を叫ぶことは，直接的にはだれの利益も害さない。

　しかしながら，平等権は違う。直近の2013年9月4日の，婚外子の法定相続分を定めた民法900条4号但書を違憲とする大法廷決定[3]と，引き続く民法改正作業

---

1) 宮沢俊義『憲法II（新版）』（有斐閣，1989年）289頁。
2) 最判平成24年12月7日刑集第60巻12号1337頁，最判平成20年2月19日民集第62巻2号445頁。

における，自民党保守派の抵抗は，記憶に新しい例である。自民党保守派は，「家族制度の崩壊」に対する懸念を示して改正に抵抗し，司法審査制を採用した日本国憲法下で，「なぜ最高裁が言ったら変えなければいけないのか」（小島敏文衆議院議員）との発言までもが聞かれ，世論を驚かせた。大法廷決定は，婚内子と婚外子の法定相続分や遺留分を同等にし，財（ここでは遺産の一部）を婚内子から婚外子に移転し，自民党保守派の考えでは，「婚姻家族」から婚外子に移転する。

財の再配分のみが，平等権が問題とされる理由なのかという疑問はもたれよう。とはいえ，宮沢教授が指摘するように，すくなくとも平等権保護のもたらす帰結についての利害対立は，大きな部分を占めるだろう。利益配分に対する関心は巧妙に隠されるため，不平等な取り扱いの表向きの理由は，常に疑ってみる必要がある。

後に扱う，アメリカの奴隷制度の例を示しておくのがよかろう。当初，奴隷制は全土にあったが，工業化した北部では倫理的に問題視され，徐々に撤廃された。しかし，南部は奴隷制の存置を死活問題とみなしていた。プランテーションで商品作物を栽培し，販売する南部の経済システムにとって，安価で永続的な労働力である奴隷は，欠くことのできない要素であった。奴隷制を維持するために，南部では，アフリカ系の奴隷と白人は異質で，奴隷が能力において白人に劣り，白人が奴隷を保護する必要があるなどといった見解が一般に流布した。肌の色の違いは，逃亡の阻止を容易にする事実上の効果とともに，奴隷を白人と異質のものとする理由になった[4]。実際には，プランテーションでは数においてはるかに勝る奴隷の抵抗や反乱を抑えるため，奴隷が読み書きを修得することは禁じられ，集会は禁じられ，情報が遮断された[5]。これは，アフリカ系の奴隷が能力において白人に劣るという政治的な俗説を裏打ちする結果となり，奴隷解放ののちも，公民権運動が充分な成果をあげられず，経済的な苦境が教育レベルに影響し続けたことから，長く，または，もしかしたら現在に至るまで，このような俗説が尾を引く結果となった。

先に挙げた民法900条4号但書をめぐる議論において，「財の再配分」が占めるウエイトは決して軽くない。また，多くの論者がこれを直視したくない点においても，上記のアメリカの例は参考になる。

---

3) 最大決平成25年9月4日民集第67巻6号1320頁。
4) ANDREW FEDE, PEOPLE WITHOUT RIGHTS, 37 (1992). また，アメリカの奴隷制について，KENNETH M. STAMPP, THE PECULIAR INSTITUTION (1956), MICHAEL LES BENEDICT, THE BLESSINGS OF LIBERTY (2005).『アメリカ憲法史』マイケル・レス・ベネディクト（著），常本照樹（翻訳）（北海道大学出版会 1994年）。
5) THOMAS D. MORRIS, SOUTHERN SLAVERY AND THE LAW 1619-1860 (1996).

このように，直接的に財の再配分を引き起こしうるために，平等権は，パワー・ポリティクスの中で，中立的に——すなわち再配分を起こさない方向に——解釈され，無力化される傾向をもつ。おおむねいつも，マジョリティー（政治的に優位にある者）にとって，平等権の保障を求める訴えは，不利益である。このことは，平等権の解釈において，常に留意されねばならない。

第2章
最高裁判所と14条

1　平成以降の最高裁大法廷判決

　平等権の効用を示すために，平成以降の最高裁大法廷による憲法判断を検討してみよう。平成以降の最高裁大法廷による憲法判断では，後述する，一連の定数不均衡事件[1]が圧倒的な数を占めるほか，重複立候補の合憲性に関する判決[2]，衆議院小選挙区選出議員の選挙において候補者届出政党に政見放送その他の選挙運動を認める公職選挙法の規定の合憲性に関する判決[3]，外国人の公務就任権に関する判決[4]，在外邦人の投票権に関わる判決[5]，国籍法事件，平成7（1995）年[6]と平成25（2013）年[7]の婚外子の法定相続分に関わる決定が，いずれも憲法14条に関わるものとして挙げられる[8]。いずれ劣らぬ重要判決である。

　これらの判例を，財の再配分を引き起こすか，という観点からみてみよう。

---

1) 最大判平成5年1月20日民集第47巻1号67頁，最大判平成5年1月20日集民第167号161頁，最大判平成8年9月11日民集第50巻8号2283頁，最大判平成10年9月2日民集第52巻6号1373頁，最大判平成12年9月6日民集第54巻7号1997頁，最大判平成16年1月14日民集第58巻1号56頁，最大判平成18年10月4日民集第60巻8号2696頁，最大判平成19年6月13日民集第61巻4号1617頁，最大判平成21年9月30日民集第63巻7号1520頁，最大判平成23年3月23日民集第65巻2号755頁，最大判平成23年3月23日集民第236号249頁，最大判平成24年10月17日民集第66巻10号3311頁，最大判平成24年10月17日集民第241号91頁，最大判平成25年11月20日民集67巻8号1503頁，最大判平成25年11月20日集民245号1頁，最大判平成26年11月26日裁時1616号1頁，最大判平成26年11月26日裁時1616号1頁。
2) 最大判平成11年11月10日民集第53巻8号1577頁。
3) 最大判平成11年11月10日民集第53巻8号1704頁。
4) 最大判平成17年1月26日民集第59巻1号128頁。
5) 最大判平成17年9月14日民集第59巻7号2087頁。
6) 最大決平成7年7月5日民集第49巻7号1789頁。
7) 最大決平成25年9月4日民集第67巻6号1320頁。

定数不均衡の諸事案は、もともとは、アメリカ由来の訴訟で、都市部に流入し、人口の増えたアフリカ系市民の中から、当選する候補者が出ないように、定数の見直しをせず、区割りを据え置いたことが争われた[9]。そうした意味では、平等権の嫡流ともいえる問題である。また、アフリカ系市民に対する選挙における差別を懸念するこうした観点の訴訟は、連邦の投票権法の規定を背景に、最近まで起こり続けており、決して古くなった問題ではない[10]。しかし、日本のそれは、地方と都市部の緩やかな対立を背景に、すこしく意味合いが異なる（諸外国では、しばしば、地方と都市部の対立には、辺境に追いやられた民族との対立がからむ場合があるが、すくなくとも、日本では、議論の中でこうした対立軸はあまり明確ではない）。定数不均衡の問題は、「直接的には」財の配分を引き起こさないので（だから訴訟として広がりをみせうるのだが）、少し脇に置いておこう。重複立候補の合憲性に関する判決、候補者届出政党の選挙運動に関する事案、在外邦人の投票権に関わる判決も同様である。参政権に関わる事案は、民主主義過程を通じて、結果的に財の配分を変える可能性があるが、その影響は、直接には目にみえない。
　残りの3種4件の判決をみてみよう。

2　国籍法事件

　国籍法事件と、外国人の公務就任権に関する事件には、共通点がある。国の構成員として、各種の利益配分の基礎となる「国籍」——日本という国のメンバーシップ——をそもそも有するかどうかという問題、またはそれを有さないことが、雇

---

8) 最高裁大法廷による憲法判断としては、このほか、愛媛玉串事件、最大判平成8年9月11日民集第50巻8号2283頁、郵便法違憲事件、最大判平成14年9月11日民集第56巻7号1439頁、非拘束名簿式比例代表制は、憲法15条、43条1項に違反しないとした、最大判平成16年1月14日民集第58巻1号1頁、国民健康保険料と租税法律主義の関係に関する最大判平成18年3月1日民集第60巻2号587頁がある。
9) Baker v. Carr, 369 U.S. 186 (1962). 実体判決として、Reynolds v. Sims, 377 U.S. 533 (1964). 後者につき、松井茂記「Reynolds v. Sims 377 U.S. 533, 84 S. Ct. 1362, 12 L. Ed. 2d 506 (1964)　議会の議席配分と『一人一票』原則」別冊ジュリスト英米法判例百選［第3版］(1996) 10頁、中村良隆「議会の議席配分と『一人一票』原則」別冊ジュリストアメリカ法判例百選 (2012) 12頁。また、「一人一票原則の歴史的再検証」比較法学36巻1号17頁 (2002)。
10) 東川浩二「選挙におけるアファーマティブ・アクション」[2009-1] アメリカ法　アメリカ法 (67頁)。拙稿「政治的ゲリマンダー——Vieth v. Jubelirer, 541 U.S. 267 (2004)」ジュリスト1328号 (2007) 136頁。

用・昇進の際に不利益にはたらいたことが問題になった事案である。

国籍法事件では、フィリピン人女性と、日本人男性の間に日本で出生したXが、出生後父親から認知を受け、法務大臣宛に国籍取得届を提出した。しかし、Xが国籍取得の条件を備えているものとは認められないとの通知を受け、日本国籍を有することの確認を求めた。

この事件では、日本国民である父の婚外子は、父母の婚姻により嫡出子たる身分を取得した者（準正子）のみが法務大臣に届け出ることにより日本国籍を取得できるとした国籍法3条1項の規定が憲法14条1項に違反するかどうかが争われた。

最高裁は、憲法14条1項は、事柄の性質に応じた合理的な根拠に基づくものでない限り、法的な差別的取り扱いを禁止する趣旨である、とした。最高裁によれば、日本国籍は、わが国の構成員たる資格であるとともに、わが国の基本的人権の保障、公的資格の付与、公的給付を受ける上で意味をもつ重要な資格である。同法3条1号には、昭和59（1984）年の国籍法改正当時には一定の合理性があったが、その後の社会的、経済的環境等の変化に伴って、家族生活や親子関係に関する意識やその実態も多様化し、諸外国で非嫡出子に対する差別的取り扱いが解消の方向にあること、わが国が批准した国際人権規約（自由権規約）や児童の権利に関する条約にも、児童が出生による差別を受けないとする趣旨の規定があること、かつて準正を国籍取得の要件としていた多くの国で、認知等により父子関係が成立した場合には、それだけで国籍取得を認める法改正が行われたなど、国内的・国際的な社会的環境の変化に照らすと、国籍取得に純正を要件とすることと、立法目的の間に合理的関連性を見出すことがもはや難しくなった。最高裁によれば、日本国民である父から出生後に認知された婚外子のみが、国籍取得について著しい差別的扱いを受けている。子の被る不利益は看過し難いものというべきであり、胎児認知された子と出生後に認知された子の区別の合理性が説明できず、母の婚外子が国籍を生来取得することとの区別が、両性の平等という観点から、基本的立場に沿わない。国籍法3条1号の規程は、立法裁量を考慮しても、立法目的との合理的関連性の認められる範囲を著しく超える手段を採用し、不合理な差別を生じさせている。最高裁は、本件区別は、遅くとも上告人が届出をした時には、合理的な理由のない差別となっており、同法3条1項は、憲法14条1項に違反するとした。

国籍法3条は、2008年に改正され、準正の要件が外された[11]。改正の経過措置として、1983年1月2日以後に出生した者に遡って、20歳に達するまでに認知された場合に国籍取得の途が開かれた。これによって、新たに10万人の国籍取得が認められる、との報道もあり[12]、また、国際化が進み、将来増えるであろう両親の一

方が日本人である子に対する国の対応に方向を与えたものとして，将来振り返ると非常に大きな政治的意味をもつものだったかもしれない[13]，との観測もある。この判決は，今後何十年にもわたるわが国の社会変化をもたらすものであったかもしれない[14]。

しかしなお，この判決へのリアクションは，婚外子の法定相続分差別に関する判決に対するほど，鋭くはなかった。メンバーシップの問題そのものは，最高裁判決が示唆するように，日本人としての様々な権利利益の基礎となる重要なものではあるが，いまだ，直接的には財の配分を引き起こさない。

3　外国人の公務就任権

一方，外国人の公務就任権をめぐる平成17年1月26日大法廷判決[15]の場合は違う。雇用・昇進は，きわめて長期にわたって（たとえば，20歳前後で就職したとして，40年以上も）個人にとっての財の配分に影響を与えうる。

この訴訟では，東京都に採用された保健婦が昇格試験の受験資格を争った。原告は，1988年に東京都に保健婦として採用された。しかし，平成6（1994）年度及び平成7（1995）年度に課長級の管理職選考試験を受験しようとして，日本国籍でないことを理由に拒否された。東京高裁は，「間接的」にしか公務に関わらない公務員については，職務内容，権限と統治作用の関わり方及び程度を，個別具体的に検討し，国民主権原理に照らして就任の可否を区別する必要があり，公権力を行使せず，統治作用に関わる程度の弱い管理職もあるため，外国人の一律排除は，憲法22条1項，14条1項に反するとしていた。

しかし，最高裁は，地方公務員を，「住民の権利義務を直接形成し，その範囲を確

---

11) 改正国籍法3条1項「父又は母が認知した子で二十歳未満のもの（日本国民であつた者を除く。）は，認知をした父又は母が子の出生の時に日本国民であつた場合において，その父又は母が現に日本国民であるとき，又はその死亡の時に日本国民であつたときは，法務大臣に届け出ることによって，日本の国籍を取得することができる。」
12) 2008年6月20日週刊朝日128頁。
13) 高橋和之＝岩沢雄司＝早川眞一郎「鼎談　国籍法違憲判決をめぐって」ジュリスト1366号（2008）76頁〔高橋〕。
14) 棟居快行「最高裁は何処へ？」憲法問題19号（2008年）64頁。本件につき，拙稿「国籍法違憲事件大法廷判決［最高裁大法廷平成20．6．4判決］」関東学院法学19巻3号（2010年）161頁。
15) 最大判平成17年1月26日民集第59巻1号128頁。

定するなどの公権力の行使にあたる行為を行い，もしくは，普通地方公共団体の重要な施策に関する決定を行い」または「これらに参画することを職務とする者」である「公権力行使等公務員」とした。最高裁によれば，その職務の遂行が住民の権利義務や法的地位の内容を定め，事実上大きな影響を及ぼすため，住民生活に重大な関わりを有する。最高裁は，国民主権の原理から，原則として日本国籍を有する者が公権力行使等公務員に就任することが想定されているとした。最高裁は，地方公共団体が公務員制度を構築する際に，「公権力行使等公務員の職とこれに昇任するのに必要な職務経験を積むために経るべき職とを包含する一体的な管理職の任用制度を構築して人事の適正な運用を図ることも」できる，とした。そして，その上で日本国民である職員に限って管理職に昇任することができることとする措置をとることは，合理的理由に基づいており，労働基準法3条にも，憲法14条1項にも違反しないと判断した。

　最高裁判決は，「公権力行使等公務員」かどうかにより，外国人の公務就任の可否を分け，本件では東京都の管理職試験のあり方を肯定し，これとの関係で，外国人市民に管理職試験の受験を認めないことを肯定した。

　最高裁の判断は，国家等の意思決定に関わる参政権とならんで，政策を執行する公務員，中でも「公権力行使等公務員」に外国籍の市民が就任しうるか，という論点を中心に展開された。一方，外国籍の学生等が，就職を考える場合，(まず，雇用に占める公務員の割合は民営化などの影響で労働人口の約5％に減少している)，徐々に撤廃傾向にあるとはいえ，いまだ国籍条項がおかれている場合も多く，公務員試験の受験自体ができない場合もある。また，公務員として採用されても，生涯にわたって昇格しないとしたら，個人への影響はきわめて大きい。そうした見地からは，人口構成に占める外国人市民の割合や，その生活の実態などに即した分析が必要とされた。また，原告が，特別永住者であったことも考慮されるべきであった[16]。本件の判断には，管理職試験から外国人を排除するのは，職業選択の自由と平等権の侵害であるという批判がある。管理職のすべてが「公権力行使等地方公務員」ではないのに，将来「公権力行使等地方公務員」になるからという理由で管理職選考試験から外国人を排除するのは，人事政策としては実質的な必要性も相当性もないと批判される[17]。また，滝井裁判官の指摘のように，「地方公共団体の統治の

---

16) 近藤敦「外国人の公務就任権」憲法判例百選6版（2013年）12頁。山内敏弘「外国人の公務就任権と国民主権概念の濫用」法律時報77巻5号（2005年）72頁，76頁。
17) 山内・前掲注16）74頁。

あり方についての最終的な責任を負う」のと,「公権力行使等地方公務員」は概念的に別で直接的関連性はなく,「住民の権利義務を直接形成し,その範囲を確定する」職務を行ったからといって,「統治のあり方について最終的な責任を負う」わけでは必ずしもないことが指摘される。統治のあり方について最終的な決定権をもつとみなしうるのは,せいぜい副知事や助役クラスの職員で,それ以外の管理職はそれなりに裁量の幅が広くても,主権あるいは統治権の行使といいうるほどの行為を行っていないというべきであり,これら管理職への外国籍の者の採用拒否は,憲法的に正当化されないと批判される[18]。一般に,外国人移民の排斥等が主張される場合,実質的な問題は,しばしば雇用をめぐる競争である。(政治とは利益配分の問題ではあるのだが) 国民主権にかかわるとされる議論のほかに,こうした実質的な面をみておくことは,平等権規程の運用を理解するには必要である。

❹ 婚外子の法定相続分差別

　婚外子の法定相続分差別の問題は,先に述べたように,直接的に財の再配分がからみ,責任のないものに不利益を課すという致命的な問題が指摘されながらも,解決が長期化し,もっとも議論が過熱した。

　平成7年の大法廷判決[19]では,最高裁は,婚外子の相続分を嫡出子の2分の1とした民法900条4号但書を合憲としていた。多数意見によれば,相続制度は,その国の伝統,社会事情,国民感情,婚姻ないし親子関係に対する規律等を総合的に考慮した上で定めるもので,どのように定めるかは,立法府の合理的裁量による。また,900条4号但書は,遺言による相続分の指定等がない場合の補充規定であることからも,合憲性の判断基準は,本件規定の立法理由に合理的な根拠があり,本件区別が立法理由との関係で著しく不合理なものではなく,立法府に与えられた合理的な裁量判断の限界を超えていない。さらに,本件規定は,非嫡出子に嫡出子の二分の一の法定相続分を認め,法律婚の保護と非嫡出子の保護の調整を図ったものである。多数意見は,現行民法は法律婚主義を採用しているのであるから,立法理由には合理的根拠があり,本件規定が非嫡出子の法定相続分を嫡出子の二分の一としたことが,立法理由との関係において,著しく不合理で,立法府に与えられた合理的な裁量判断の限界を超えたものとはいえない,とした。

---

18) 山内・前掲注16) 75頁。
19) 最大決平成7年7月5日民集第49巻7号1789頁。

平成25年9月4日の大法廷判決は，昭和22年の民法改正以降，社会，経済状況の変動に伴い，婚姻や家族の実態が変化したことを理由に，違憲の判決を下した。多数意見によれば，核家族化，高齢化に対応して配偶者の法定相続分が引き上げられたこと，婚外子は昭和50年代前半頃までは減少傾向だったがその後増加傾向であること，晩婚化，非婚化，少子化が進み，中高年の未婚の子どもがその親と同居する世帯や単独世帯が増加し，離婚件数，再婚件数も増加している。これらのことから，婚姻，家族の形態が著しく多様化し，婚姻，家族のあり方に対する国民の意識の多様化が大きく進んでいる。
　諸外国でも婚外子に対する差別的な法制度は撤廃され，日本は，国際人権規約B規約人権委員会，子どもの権利条約委員会から指摘を受けている。また，日本の法制も是正され，いずれも訴訟の提起をきっかけに，平成6（1994）年に，住民基本台帳事務処理要領の一部改正（平成6年12月15日自治振第233号）により，住民票記載が一律「子」とされ，戸籍の続柄記載欄の記載が，平成16（2004）年に，戸籍法施行規則の一部改正（平成16年法務省令第76号）により，嫡出子との区別なく「長女（長男）」などに改められた。また，国籍法違憲判決をうけた国籍法改正が行われた。多数意見は，昭和54年の「相続に関する民法改正要綱試案」[20]，平成8（1996）年の「民法の一部を改正する法律案要綱」[21]，これと同旨の平成22年法案など，立法的な是正措置が検討されていたことも挙げた。
　多数意見は，平成7年大法廷決定の反対意見のほか，その後の小法廷判決・決定の個別意見が繰り返し婚姻や親子・家族形態と国民の意識の変化，さらには国際的環境の変化を指摘し，昭和22（1947）年民法改正当時の合理性が失われつつあると述べてきたことを挙げ，平成7年大法廷決定が合憲判断の理由の1つとした，本件規定が補充規定であることについては，逆に，本件規程の補充性からすれば，嫡出子と婚外子の法定相続分を平等としても不合理ではなく，遺留分については明確な法律上の差別であるとともに，「本件規定の存在自体がその出生時から嫡出でない子に対する差別意識を生じさせかねない」ため，補充規定であることは，本件規定の「合理性判断において重要性を有しない」とした。
　多数意見は，このような変遷等を総合的に考えれば，「家族という共同体の中における個人の尊重がより明確に認識されてきたことは明らか」であり，法律婚とい

---

20) 法務省民事局参事官室により法制審議会民法部会身分法小委員会の審議に基づくものとして公表された。
21) 法制審議会が法務大臣に答申。

う「制度の下で父母が婚姻関係になかったという，子にとっては自ら選択ないし修正する余地のない事柄を理由としてその子に不利益を及ぼすことは許されず，子を個人として尊重し，その権利を保障すべきであるという考えが確立されてきているものということができる」とし，遅くとも本件相続が開始した平成13年7月当時には，「立法府の裁量権を考慮しても，嫡出子と嫡出でない子の法定相続分を区別する合理的な根拠は失われて」おり，憲法14条1項に違反していた，とした。

平成25年大法廷判決は，立法事実の変化を理由に，平成13 (2001) 年7月以前の本件規程の合憲性を維持しながら，違憲の結論を導いた。さらに，法的安定性を重視し，相続の起こった平成13年7月以降，12年間に本規定に基づいて行われた裁判や合意に，本判決の効力を遡及させない旨の判示をしている。

ところで，本件規程の問題点は，実際には，(事案は様々で婚姻中ともかぎらないが) 婚外の性的関係の発生には責任のない婚外子に不利益を課す，というところにあった[22]。法としては根幹的な欠陥であり，専門家も合憲説を採るものはほとんどなかった。立法事実論に依拠し，さらに法的安定性を重視するとして，異例にも，わざわざ遡及効を限定する判断をした最高裁大法廷の関心は，残念ながら違うところにあったようだ。

最高裁は，憲法の番人にして，ことさら具体的違憲審査制のもとでは，人権の擁護者であるはずである。長きにわたり，欠陥のある法定相続分規程により，またその差別的影響により不利益を被ってきた婚外子の救済をおいて，最高裁にこの論理を選択させたのは，なんだったのだろうか。

先述した，世論の鋭い反応が，その理由の1つを示す。法律婚による家族，特に配偶者の経済的保護に対する関心は，高齢化とも連動しているが，個別の事案では，法律婚家族が困窮しているとは限らない。さらに，いかに経済的利益が法律婚家族にとって必要でも，他者の犠牲において，それらを法律婚家族に配分することは正当ではない。これらの，よく承知された理屈にもかかわらず，本件規程を長きにわたって支え，最高裁を躊躇させたのは，「婚姻家族」に属する圧倒的多数のマジョリティーの利益ではないだろうか。

平等権のもとでの分析は，財の配分を直接引き起こす事案におけるほど，鈍らされる。それは，具体的な適用の過程だけでなく，平等権理論自体にも影響を与える。財の再配分を引き起こしうる，強力な条項である平等権は，中立的に——すなわち

---

22) 拙稿「婚外子の相続分差別と裁判所」吉田仁美編『人権保障の現在』(ナカニシヤ出版，2013年) 70頁。

再配分を起こさない方向に解釈され，無力化される傾向がある。これらの最高裁判決は，差別の克服をめぐる事案であるが，実質的平等の実現をめぐる議論では，財の配分をひきおこすことが嫌われる，という同様の傾向が，理論のレベルでみうけられる。

　続く第3章では，日本国憲法下における，実質的平等の議論をみてみよう。

第3章
実質的平等の理論

1　「法の下の平等」

　日本国憲法のもとで,「法の下の平等」がなにを意味しているのかは, 憲法 14 条を分析する際に, まず取り組まれる課題である。「法の下の平等」という文言が初めてみられるのは, 日本国憲法起草時の 3 月 2 日案である。この草案は, いわゆるマッカーサー草案をもとにしたものだが, マッカーサー草案では, その 13 条が "all natural persons are equal before the law." としており, 外務省による下訳では「一切ノ自然人ハ法律上平等ナリ」とされていた[1]。3 月 2 日案が, これを「法の下の平等」と訳した[2]。また,「一切の自然人ハ」の文言は, 3 月 2 日案では「凡テノ国民ハ」とされ, 3 月 5 日案では, GHQ 側の要望を容れて「凡テノ自然人ハ」, 3 月 6 日案では「凡ソ人ハ」とされた後, 3 月 14 日案では, 主語統一のため「すべて国民は」と直された[3]。3 月 5 日案が, 併せて規定されていた外国人に対する法の平等保護の規定を外した。

　こうした経緯のもとで制定された「法の下の平等」は, 大陸法にいうところの「法の前の平等」に等しいとされる。法の下の平等の意義を論ずるにあたって, 議論は, 14 条は (1) 形式的な平等を保障するのか, あるいは, 実質的な平等をも保障するのか, (2) 法適用の平等に加えて, 法内容の平等をも要求するのか[4], (3) 絶対的な平等を保障するのか, あるいは, 相対的な平等を保障するのか, をめぐって行われる。

　実質的平等は,「もっとも一般的な用法では, 法的取り扱いの均一を形式的平等, 事実関係の均一を実質的平等とする」とされ,「前者が抽象的な法のレベルでの名

---

[1] 佐藤達夫, 佐藤功補訂『日本国憲法成立史　第 3 巻』(有斐閣, 1994 年) 33 頁, 35 頁。
[2] 佐藤達夫, 佐藤功・前掲注 1) 93 頁, 95 頁。
[3] 佐藤達夫, 佐藤功・前掲注 1) 336 頁, 338 頁。
[4] 19 世紀末の法実証主義を背景としたドイツ理論の流れを引く議論が導入された。

目上の平等であるのに対し，後者はとくに社会経済関係における事実上の平等を意味する」とされる[5]。しかし，後に挙げるように，諸説は，実質的平等を結果の平等（「社会経済関係における事実上の平等」）と同視するもの，これとは異なり，形式的平等（機会の平等）の基礎をなすものと考えるものがあり，必ずしも意味するところが同じではない。

通説的な見解では，14条の法の下の平等は，裁判規範としては形式的な平等を保障するのみで，実質的平等の趣旨は，政府が優先処遇等の積極的施策を行った場合には，施策が合理的な別異取り扱いとして憲法的に許容されるかどうかについての分析に反映されることになる。

ただし，この解決は，かならずしも納得のゆくものではない。長期的な法的差別の結果として，構造的な経済的・社会的差別が生じたような場合，法的差別が取り去られたとしても，構造的な経済的・社会的差別は解消されない。差別のきっかけは，ほとんど何でもありうるが，その本質は，差別感情等の心理的なものなどではなく，利益配分の問題である。単純に法的差別を取り去ったとしても，問題は，かなりの部分，手つかずで残る。そうした不公正が，平等権理論についての議論を続けさせる。

諸説は，これに対し，政府の積極施策をうながすべきだとしたり，日本国憲法のもとでは実質的平等の実現は社会権規定が担うのだという見解を示す。しかし，社会権は，歴史的には，第一次世界大戦後に隆盛となり，諸国の憲法に導入されるようになった，平等権とは性格の違う権利である。

差別に起因する社会的・経済的不利益を負った者が地位向上を求めるとき，自らの問題を「平等権」の主張として組み立てることができないことを認識すれば，驚くだろう。

本章では，こうした疑問を念頭に，平等権理論を再検討する一環として，実質的平等の位置づけを再検討してみたい。

2　初期の平等権分析と実質的平等

形式的平等と実質的平等の語は，初期の平等権の理論には，あらわれない。法の下の平等は，歴史的には，法律上の差別的な取り扱いを禁じることによって，身分

---

[5] 形式的平等と実質的平等の語義について，阿部照哉＝野中俊彦『現代憲法大系　平等の権利』（法律文化社，1984年）74頁。

制度を打破するものとして規定された。初期の議論では，こうした観点に加え，14条1項後段に列挙された差別禁止事由によって，平等権の保障内容が拡充したことが論じられる。

法学協会による『注解日本国憲法』によれば，「近代国家の諸憲法にあらわれている平等の観念は，自由と並んで特殊近代的原理」であるとされる。平等の思想は，「近代精神にとって本質的なものであり，平等の理念なくしては，近代国家はありえない」。「封建制度およびその崩壊過程としての絶対王政の打倒なしには，近代国家の成立は不可能であり，封建制度が一切の権利義務の根拠を土地封与関係を中核とする身分的階層組織のうちに求めるものであり，また，絶対王政が国王を中心とする狭い支配層に大きな特権を承認するならば，このことはむしろ当然のことであった」からであった[6]。

支配体制の変更，つまり，近代民主主義への転換は，権力構造の変更——身分的階層組織の打破——を伴う。「個人がその権利において平等である」ということは，その前提である。

日本国憲法14条1項は，「すべて国民は法の下に平等であって」とし，まず法の下の平等——平等原則を定めている。さらに，続けて差別禁止事由を列挙し，具体的な平等権の権利内容——国家によって差別されないことを定めている。ちなみに，旧憲法は，19条に，臣民の公務就任についての平等を定めたのみで，その他の平等権規定をもたず，華族制度をおき，女性差別も当然視されていた[7]。

3 「生存権的基本権」の保障と平等権

日本国憲法が制定された時点では，社会権規定の導入により，人権編自体の保障が全体として，自由権中心の権利保障とは異なるもの——生存権的基本権[8]の保障ともいわれるものとなったととらえられている。これについて，佐藤幸治教授[9]は，「条件の平等」ないし実質的平等観念が労働基本権や生存権の保障，累進課税や土地・家屋の賃借人保護などに反映していることをさして，20世紀が「平等の世紀」と呼ばれることを挙げ，日本国憲法の法の下の平等が（アメリカ）独立宣言の系譜をひきながらも，「『平等の世紀』の洗礼をうけたもの」としている。

---

6) 『注釈日本国憲法　上巻』（法学協会，1953年）341頁。
7) 『法学協会』前掲注6）343頁。宮澤俊義『日本國憲法』（日本評論新社，1955年）218頁。
8) 佐藤功『日本国憲法全訂第5版』（学陽書房，2001年）177頁以下。
9) 佐藤幸治『憲法［第三版］』（青林書院，2003年）417頁。

こうした見解をとるものには，(1) 具体的にどのような面で生存権的基本権の保障が平等権解釈に影響するかどうかには言及しないもの，(2) 政府が積極的な是正策を講じた場合には，生存権的基本権の保障の見地から14条のもとで許容される場合があるとするもの（あるいはそのような趣旨と読めるもの），(3) 政府が積極的是正策を実施する場合には14条のもとで許容されることがあるが，実質的平等の要請は，政府の法的義務を生じず，こうした面は，社会権の諸規定に担われるとする見解，(4) 政府に具体的施策を求めうるとする議論がある。

(1) 具体的にどのような面で生存権的基本権の保障が平等権解釈に影響するかどうかには言及しないもの　佐藤功教授[10]は，日本国憲法は自由とともに平等を明記したが，両者は相容れない要求であることがある，とする。「各人の自由を尊重しようとすれば，そこに実際上の不平等が生ぜざるを得ない」し，「この不平等を是正しようとすれば，各人の自由を制限せざるを得ないから」である。これが，平等とは，「機械的・形式的な平等」でなく「合理的・実質的な平等」でなくてはならず，正義の観点からは，平均的正義でなく配分的正義でなければならない理由とされる。20世紀的な憲法は，「単に自由と平等を抽象的に宣言するだけでは満足せず」，「富める者の財産権すなわち自由」を制限するとともに，「すべての国民の実質的且つ社会的な平等を実現するために，生存権的基本権の保障に重点を置くことになる」としており，日本国憲法にもこうした傾向が取り入れられているとする。しかし，具体的にどのような面で実質的平等が規定に取り入れられるのかについては特段の言及がない。

　横坂健治教授[11]は，14条が具体的な権利を保障する裁判規範であるとして「『平等権』論を展開しても，これを『形式的な平等』『機会の平等』に限定してしまうのならば，『平等権』の積極的意義は消滅してしまう」，とする。横坂教授は，14条が裁判規範としては法的取扱いの不平等の禁止にとどまるという通説的見解[12]に対し，「問題なのは，実質的平等，結果の平等を全く無視するような政治状況の下で形式的・静態的平等，機会の平等に解釈論を限定する通説的見地である」とし，「いかなる国家行為が憲法上もとめられるかを論じる必要がある」とする。横坂教授は，「憲法的枠組みを前提にした国家の積極的関与で国民の根強い差別意識を徐々に緩

---

10) 佐藤功・前掲注8) 177頁以下。
11) 横坂健治『平等権と違憲審査』（北樹出版，1998年）51頁，58頁。
12) 伊藤正己『新版　憲法』（弘文堂，1990年）235頁，小林直樹『憲法講義（上）』（東京大学出版，1980年）336頁を引く。

和し，私的領域での差別解消に一定の国家的指針」を与え，「国会や内閣・裁判所を積極的につき動かす現代的平等論（社会国家理念に基づく平等権の社会権的側面）が抽象的レベルを超えてより具体的に展開される必要があると思われる」とする。そして，そうでなければ，14条の理念は「実質的に無内容な規範とされてしまうだろう。少数者や弱者の権利保護に無関心な国家や資源の配分に平等の視点のない国家は，真に自由で民主的な国家とはいえないのである」とする[13]。

　国家の積極的是正措置が展開されるべきであるという立場であるが，この説は実質的平等の裁判規範としての側面には言及しないため，(1)に分類する。

　初宿正典教授[14]によれば，近代立憲主義の依拠する平等は，国家による不平等な取り扱いを排し，各人に平等な機会を与えて自由な幸福追求の前提条件を確保することに国家の役割を限定した機会の平等であった。これは，事実上の不平等を問題にするものではなかったが，実質的な平等の確保のために，場合によって自由を制限し，国家の介入が必要な場面のあることが自覚されるようになり，機会の平等または形式的平等から，条件の平等または実質的平等への転換が起こった。

　初宿教授によれば，アファーマティブ・アクションをめぐる議論にみられるように，自由と平等は，車の両輪のように語られてきたが，同時に矛盾・緊張関係もあり，結果の平等にまで平等を徹底するのでなく，機会の平等を確保するための実質的基盤づくりに必要な限度で，条件の平等を取り込むことが要請されているが，この道は困難であることが少なくない。

　大石眞教授[15]によれば，平等原理は，国家による個人間の差別的な処遇をしりぞけ，等しい取り扱いを要請することを内容とする。平等原理は主観的な権利ではなく，他者との比較を前提とした客観的原理である，として，「平等権」は，この要請を個人の利益としてみた場合の，国に対して等しい処遇を求める国務請求権の1つである。世界人権宣言7条，アメリカ合衆国憲法修正14条などのいう，「法の平等な保護をうける権利」が，正確な表現である。

　平等原理を強調すると，等しい処遇を施すべき国家の権力が増大し，個人の自由な行動領域は狭くなるが，平等の原理を「機会の平等」の意に理解すると，自由と平等に緊張関係は生まれない。人は，各種の能力・資産などにおいて差異のあるものとして生まれ，出発点を放置すると，著しい貧富の格差が生じ，結果として生ず

---

13) 横坂・前掲注11) 58頁。
14) 初宿正典『憲法2　第2版』（成文堂，2001年）。
15) 大石眞『憲法講義Ⅱ』（有斐閣，2007年）59頁。

る社会的軋轢が，国家的共同体の安定・発展にとって望ましくないことが，19世紀後半〜20世紀初めに自覚されるようになり，各種の労働者保護立法や，労働者の権利（労働三権），累進課税制度を当然視する「条件の平等」の考え方が登場した。

　この論理を推し進めると，「結果の平等」に傾斜した「平等主義」(egalitarianism)に行き着く。平等主義は，政治的な決定に関わるあらゆる点で，人は等しくあるべきだとする信条を指し，その帰結として①利益の不均等配分は不正である，②すべての人に共通する財産がある，③共通財産は，すべての人に同じ範囲で共有される，という主張を伴う。このため，国による強力で積極的な財の再配分を要する。「結果の平等」論に立つ平等原理は，自由主義と鋭い緊張関係に立つため，平等原理は，「条件の平等」までを内容としたものでなくてはならず，その内容は，①個人の生活全般にわたる一般的な平等原理，②特定の局面に着眼した個別的平等原理に大別される。

(2) 政府が積極的な是正策を講じた場合には，生存権的基本権の保障の見地から14条のもとで許容される場合があるとするもの　　宮沢俊義教授[16]は，14条の解説にあたり，「個人主義は，各個人はすべて人間として平等な価値をもつと考える」と説くことからはじめる。基本的人権の保障にも，義務を課する場合も，「平等な取扱いが要請され」，これが「本条の定める法の下の平等の原理でありあらゆる権利宣言に例外なく見出される大原則である」とされる。宮沢教授は，「法の下に平等である」とは，「法律上の差別（差別待遇）」が禁止される意で，「法律以外の面における差別（たとえば習俗上の差別）は，直接には本条の関するところではない」としている。法の下の平等の原理は，歴史的沿革において，貴族制や封建的身分制に対するものであることから，人種・性別・門地などの「先天的理由にもとづく差別」を排斥しようとするが，さらに，宗教的信仰や思想を理由とする差別など，「個人主義の立場から見て合理的と考えられない理由にもとづく差別」を禁止する。何が合理的な理由であるかは，さらに，「差別が問題とされる具体的な事項によってきまることがある」とされている。宮沢教授は，諸判例を挙げたのち，結局，何が合理的な差別的取り扱いであるかは「判例の積み重なりによって，明らかにされるよりほかない」，としている。別の文献では[17]，日本国憲法の平等権のもとで民主主義的合理性を有する別異取り扱いとはなにかについての文脈で，「民主主義的合理

---

16) 宮澤俊義『日本國憲法』（日本評論新社，1962年）206頁以下。
17) 宮沢俊義『憲法Ⅱ（新版）』法律学全集4（有斐閣，1974年）289頁。

性とは，民主主義の本質からいって，人間性の尊重ないし個人の尊厳に適合することをいうと見るべき」だとしている。そして，自由国家的立場からだけでなく，社会国家的立場に立って，民主主義的合理性の内容が決められるべきだとする。社会国家において要請される平等は，「単なる形式的平等ではなく，社会国家の理念に即した実質的平等でなくてはならない」とする。そして，「実質的不平等は，主に私有財産制との関係で生ずるため，実質的平等のために，形式的不平等をあえて忍ばなくてはならない場合が必然的に出て来る」とし，「金持ちとか，貧乏人とかいう身分を理由として，前者の不利益において後者の利益になる方策——すなわち差別待遇——を実行することを除いて，憲法の求めている社会国家の理念を実現する道はない」とする。

阿部照哉教授は，法の下の平等は，「すべて国民は法上平等に取り扱われるべきであるという規範的要請を内容としている」とし，法の下の平等は，各人が事実上平等であると宣言しているのではなく，事実上の平等の実現を必ずしも要請しないとする。そして，「人にはそれぞれ事実上の差があるにもかかわらずそれを無視して，あるいは事実上の差異を考慮に入れ，法的処遇の平等について定めるのである」とする。そして，「法的平等は，一種の価値判断である。価値判断の内容は平等処遇の対象となる生活関係，人間関係によって規定され，また，判断の基準は憲法の基礎に横たわる価値判断から具体的に明らかにするほかはない。そのかぎりにおいて『たんなる平等原則』は存在しない」とし，「『法の下の平等』は，すべての人が平等の尊厳を有し，個人として尊重されること（一三条）からの帰結を示したもの」としている[18]。

実質的平等については，「憲法を特色づけている現代的社会国家では，経済的関係では，特別の公共の福祉の制約と社会権の保障によって，国民相互の実質的無差別を実現する積極的な平等の原理が認められるべきであ」るとしており，差別禁止という消極的立場から「国家権力による平等の実現という積極的な課題への転換が示唆され」るとされる。課題としては，①「民衆の偏見その他に由来する，いわれなき差別が存在し，社会の成員の人格の実現が妨げられているときには，国家は，進んで被差別者を差別から開放するために必要な立法その他の措置を講ずる義務を負」い，②貧困からの解放については，「本人の責に帰すことのできない事由による貧困のために，人格の自由な実現を妨げられている人があるときには，国家は，救済その他の積極的な施策を講ずることにより，人格の自由な実現のための平等な

---

18) 阿部＝野中・前掲注5) 43頁。

機会を実質的に保障する義務を負う」[19]ことが挙げられている。そのため，社会的経済的不公正を是正し，実質的平等を実現するための手段としての形式的に不平等な取り扱いは，必ずしも憲法の平等原則に反しない。後段列挙事由による差別的取り扱いは禁止されるが，過去の差別により形成された事実上の差異が残っているところでは，「現存事実関係に反比例する法的取扱い関係をさだめ，それによって完全に結果的事実関係が均一になる」[20]ようにすることは禁じられていない。これは，「機会の平等」から「結果の平等」への移行を示唆する。差別の有無は主観的な意図によってのみ判断されるべきではなく，長期に亘る慣行と制度化された偏見に基づく差別は結果によって判断されねばならない。結果の平等が集団の権利として把握されるとき，就職，入学などにおける人種・性別などを基準とする割当制（quota）が問題になる。

阿部教授は，さらに，実質的平等が形式的平等を内容とする平等権の例外なのか，あるいは，実質的平等が形式的平等にとってかわって平等原則そのものになったのかについての理解が，憲法と社会構造を把握し発展させる上で重要な意味をもつ[21]とする。そして，「憲法が一四条に規定する平等原則はそれ自体が最終的目的ではなく，より高次の理念というべき国民の実質的平等を実現するための手段としてのみその存在理由が認められる」と考え，「形式的平等は実質的平等の実現に資するかぎりつらぬかれねばならないが，逆に前者が後者をさまたげるような場合には，形式的不平等すなわち差別的な取り扱いをあえて行ってでも実質的平等の達成がはかられねばならないことになる」という見解が，佐藤教授[22]の，実質的平等は機会の平等の基盤形成に寄与する限りでの部分的転換にとどまるとする見解と対比されている。

阿部教授は結局，「法のめざす正義が，実質的に可能なかぎり人間生活の全面にわたる平等の実現にあるとすれば，憲法の平等思想も究極目標としてはそうした意味での実質的平等を志向するといっていい」としながらも，実質的平等の原則をとっても相対的にしか実現しえない，憲法の平等規定が直接命ずるのは不合理な差別

---

19) 阿部＝野中・前掲注5) 75 頁，橋本公亘「現代における平等」『現代法2 現代法と国家』（岩波書店，1965 年）120-121 頁を引用。
20) 阿部＝野中・前掲注5) 76 頁，和田鶴蔵『日本国憲法の平等原理』（三和書房，1971 年）463 頁を引用。
21) 阿部＝野中・前掲注5) 76 頁，竹内康江「平等原則に付いての覚書―学説の現況と問題点」『法律時報』54 巻 10 号 149 頁を引用。
22) 佐藤幸治・前掲注9) 465 頁以下。

を許さないということであることから,「『法の下の平等』の主要な意味は,取り扱いの均一化を求めるという意味での形式的平等にあるというべきである」とする。そして,「不合理な差別を禁ずる法的平等は,その性質上,形式的・消極的なものであるにしても,現代社会が社会の中の不当な実質的差別を除去していく任務をになうこと」と矛盾せず,「むしろ積極的に同じ方向で考えられていくべきである」という説明で「満足すべきだ」としている[23]。

　樋口陽一教授は,機会の平等を確保すれば十分なのか,機会の平等を実質的に確保するために条件の平等を整備し,「さらにすすんで結果の平等を実質的に確保するための公権力の措置までが要求されるのか」,という問題があるとする。樋口教授によれば,結果の平等を実現するため形式的に不均等な取扱いを公権力が行い,私人間でそうするよう国家(法律)が求める「不平等の積極的解消措置」は,「人種や性別のゆえに系統的に不利な取扱いがおこなわれてきたという背景があるところで」,就学や就業などの場合で「層ごとの枠を設けて」「過渡的な」優遇措置をとることは,「社会的にきわめて意義のある効果をもつ」。しかし,『どこまでなら14条に反しないか』という形で問題となる[24]。

　樋口教授は,14条侵害を主張することに固有の意味があるかどうかについて議論を展開するほか,(救済を理由とするのか,あるいは,構造的な差別であることを理由にするのかは明白でなく,後者と読めるが),アファーマティブ・アクションを過去の経緯にかかるものとし,割当制を含む過渡的な(つまり,時限のある)優遇措置を実施することに,社会的効果を認める。

　高橋和之教授[25]は,実質的平等に関する議論で,結果の不平等を生み出す要因は,少なくとも2つあり,1つは機会を生かす能力の違い,もう1つは機会の不平等であるとする。そして,19世紀後半以降,結果の不平等を生み出したのは,後者であるという認識が強まり,個々人の具体的な状況を考慮して実質的な「機会の平等」を保障すべきで,それが保障されて初めて,結果の不平等が能力の差によって正当化されうるというふうに,平等のとらえ方に変化が生じた,とする。高橋教授は,結果の平等と機会の平等を混同しないことが重要であるとする。結果の平等は自由の追求と調和し難いが,機会の平等を追求することは,結果の平等を追求することとは異なるとする。機会の平等を追求する際に結果の不平等の存在が指摘され,批

---

23) 阿部＝野中・前掲注5) 76頁,小林直樹『憲法講義上　新版』(東京大学出版会,1980年) 335-336頁を引用。
24) 樋口陽一『憲法　第3版』(創文社,2007年) 203頁。
25) 高橋和之『立憲主義と日本国憲法　第2版』(有斐閣,2010年)。

判されるのは，結果の不平等が何に由来するかを検討するきっかけとしてだとされ，「結果の平等が機会の平等から生じることが論証されれば，機会の平等の実質化を求めることは正当であり，自由と矛盾しない」とされる。

　高橋教授は，憲法が実質的平等を要請しているとすると，形式的別異処遇が場合により許されるだけでなく，必要であるという論理になるとする。別異処遇をしないと違憲であるという議論を一歩進め，国家は，実質的不平等を解消するための積極的措置，すなわち優先処遇や積極的差別是正措置（affirmative action）をとる義務を負うが，これは，「国家による平等」という構造をもつとされる。ただし，高橋教授は，現在のところ，平等権は優先処遇を受ける権利まで含むとは解されておらず，国家が，法律により優先処遇の政策を行うことが許容されるにすぎず，それが度を超せば「逆差別」として憲法違反となる可能性があると指摘している。

(3) **政府が積極的是正策を実施する場合には 14 条のもとで許容されることがあるが，実質的平等の要請は，政府の法的義務を生じず，こうした面は，社会権の諸規定に担われるとする見解**　　伊藤正己教授[26]は，資本主義の高度化とともに，機会の平等の保障のみにとどまったことが，貧富の差などの大きな実質上の不平等を産んだとする。実質的平等を志向する政策は，自由特に経済的自由を制限せざるをえず，自由と平等が互いに抵触する。現代社会の要請に応じて，14 条 1 項の平等のうちに，単なる形式的・静態的平等をこえて，国家権力による実質的平等を読み込もうとする立場もあり，いわば「結果の平等」をも，14 条 1 項に含ませる立場である。しかし，伊藤教授は，「現代国家における平等がこのような方向をたどることは認められるし，憲法による平等の保障がこの実質的平等を実現するような政治の指針を含むものとして社会権的性格をもつと解する余地はあるけれども，14 条 1 項は裁判規範としては，あくまでも法的取扱いの不均衡の禁止という消極的な意味をもつと解すべきである」とする。そして，「現実の社会における実質的平等の実現は，生存権その他の社会権を国家が積極的に確保する措置をとることによって行われる」とし，これらの措置が争われた場合には，合理的差別として 14 条 1 項に違反しないとされるという意味では平等権に関係するが，「社会的不平等を是正しようとする実質的平等は近代憲法原理を明らかにした『法の下の平等』の内容をなすものではない」とする。

　芦部信喜教授は，機会の平等と結果の平等に関する議論の中で[27]，平等の理念は

---

26) 伊藤正己『憲法　第 3 版』（弘文堂，1995 年）241 頁。

沿革的には，機会に関する平等な法的取り扱いの保障を主張するもので，これは，あくまで法的取り扱いの平等であり，その意味で形式的平等である，とする。しかし，機会の平等には，資本主義の高度化など，経済・社会の変革に伴う弊害があり，20世紀の社会国家・福祉国家では，「自由な競争による機会の平等がもたらした現実の不平等な結果を是正し，実質的平等を確保するための国の積極的施策が要求される」。これが，結果の平等（equality of results）と呼ばれる。

　この結果の平等の思想は，社会・経済の影響のみならず，19世紀の立法に対する信頼の低下，「市民」の観念が抽象的なものから具体的なものに変化した，という法思想の影響を受けたものとされる。19世紀の立法に対する信頼の低下により，法は社会を統制する単なる1つの手段にすぎず，憲法・法律で平等原則を単に宣言しても，それは平等権保障を確立する端緒であるにとどまる，と考えられたことが影響している。さらに，19世紀の個人観は，自己が同意した場合を除き，あらゆる干渉から自由かつ消極的な個人である，という理念に基づく抽象的なものである。しかし，20世紀には，環境に条件付けられた人間として，具体的に考えられる。その結果，法の前の平等は，より実質的な検討を要するようになった。

　芦部教授は，この平等思想のダイナミズムが，平等原則が自由の理念と矛盾する側面を有し，「両者の間に大きな緊張関係が存する」からだとする。平等を「人の事実上の差異を無視して極端に」押し進めれば，自由と自立的な発展はのぞめず，抑制のない自由は，少数の政治的・経済的強者が多数の弱者の犠牲において権力と反映を増大することになる。

　ただし，「両者は個人尊重の思想から出発し，深く結びあって身分社会を打破し近代立憲主義を確立する推進力となった」もので，現代憲法でも，相互に関連し依存しあう原理として捉えられている。とはいえ，性格の大きく異なる自由と平等のいずれの原理に重点を置くかが問題とされているが，芦部教授は，ケルゼン（H. Kelsen）を引き，ケルゼンが自由と平等の「二つの主義の総合こそ，まさにデモクラシーの特色をなすものである」としつつ，自由を重視し，「平等の理念が自由の中に含まれた形式的平等の思想」と異なったものであれば，それは，デモクラシーの概念となんら関係しない，なぜなら，平等の概念は，様々な意義をもちうるので，デモクラシーの概念と実在的に結びつけるのは不可能である，としたことを引いた。一方で，ラートブルフ（G. Radbruch）が，民主主義と自由主義を一体的に「混合物」ととらえるべきだとしながら，「前者では平等の思想が自由のそれに優越

27）芦部信喜『憲法学　Ⅲ　人権各論（1）増補版』（有斐閣，2000年）3頁。

し，後者では反対に自由の思想が平等の思想に優越する」として，デモクラシーは平等思想に重点をおくことを強調していることを紹介している。結論として，芦部教授は，「現代の自由民主主義においては自由の要素よりも平等の要素に重点がおかれている，と解する」とする。

しかし，実質的平等について，これを保障する「法的な義務は，社会権（生存権，教育を受ける権利，労働基本権など）の保障にかかわる問題であり，それを通じて具体化されることを憲法は予定しており，平等原則との関係では実質的平等の実現は，国の政治的義務にとどまる，と解するのが妥当であろう」とする。だが，「平等」の意味も，実質的平等の思想を抜きにして解することはできないので，平等原則違反かどうかの基準とされる「合理的な取扱い上の差異」に当たるかどうかの判断にあたって，実質的平等の趣旨を最大限考慮するべきだとしている。実質的平等を侵害すると解される法令が，違憲となる場合もあるとされる。

芦部教授によれば，実質的平等を社会権に担わせる解決は，ドゥウォーキン（R. M. Dworkin）が『平等とは何か』[28]の中で論じた福利の平等，資源の平等や，ロールズ（J. Rawls）の正義論を，20世紀的な「『新しい』平等尊重主義の思想」とみる見解に適合的だとされている[29]。

以降の諸説の多くは，この線に従う。たとえば，戸松秀典教授[30]は，司法審査についての文脈で，「憲法は，経済的不平等を解消するために，生存権その他の社会権の保障をし，そこに実質的平等の実現とのかかわりをみることができる」とし，この趣旨を実現する役割を担うのは，一義的には立法・行政部門で，政治部門による政策決定とその実施につき法的取り扱いの不平等が生じるならば，裁判規範として平等原則が適用される，とする。そして，裁判規範としての平等原則に，社会的不公正を是正すべきとの実質的平等の要求が含まれているという立場[31]については，裁判所が，社会の種々様々な不公正，不均等について，「あるべき均等な状態を示し，それに対応したあるべき施策をみつけださねばならない」ことになり，「本来政治部門の行うことを裁判所が行うこととなり，司法の作用から逸脱した行為」である

---

28) Ronald Dworkin, *What is Equality?: Part 1, Equality of Welfare*, 10 PHILOSOPHY AND PUBLIC AFFAIRS 185 (1981); *Part 2, Equality of Resources*, Id. at 283-345; *Part 3, The Place of Liberty*, 22 IOWA L. REV. 1 (1987). RONALD DWORKIN, SOVEREIGN VIRTUE: THE THEORY AND PRACTICE OF EQUALITY (2000). ロナルド・ドゥウォーキン，小林公ほか訳『平等とは何か』（木鐸社，2002年）。
29) 芦部・前掲注27) 7頁注11。
30) 戸松秀典『平等原則と司法審査』憲法訴訟研究I（有斐閣，1990年）346頁。
31) 田上穣治『憲法概要』（1963年）96頁，橋本・前掲注19) 121頁を引く。

として,「裁判規範としての平等原則には,実質的平等の実現に限界がある」[32]としている。

また,野中俊彦・中村睦男・高橋和之・高見勝利教授[33]は,平等の意味について,形式的平等(機会均等)と実質的平等(配分ないし結果の均等)は,対立概念であるが,微妙な相関関係がある,とする。実質的平等が要求される場面でも同じような立場の者を平等に扱うことが必要で,受験で障害を負った者に特別の計らいが要求される場合のように一面では機会の平等につかえ,一面では実質的平等の要求を充たすからである。憲法14条は,形式的平等を保障したものと考えるべきである。結果の不平等の完全な解消は,自由の理念と両立しないが[34],日本国憲法は近代立憲主義の延長線上にあり,自由の理念と調和する平等の理念に基づくからである。実質的平等の保障は,相対限度内のもので,その実現は,なにが実質的平等と呼ばれるにふさわしいかという問題を含め,第一義的には社会権条項に託された課題で,立法によって実現されるのがふさわしく,裁判規範としては,憲法14条から直接に導かれる性質のものではない。そのように解さないと,形式的平等の要求が不明確な内容の要求によって相対化され,無内容におちいる。野中教授らは,憲法14条は,第一義的には形式的平等を保障し,「実質的平等の理念からくる相対化の要請を,相当の程度まで受容することを予定した規定だ」と解され,これが有力説の立場である,としている。

(4) 政府に具体的施策を求めうるとする見解　佐藤幸治教授[35]は,法の下の平等は,「個人の尊重」「幸福追求権」規定と並ぶ日本国憲法の人権体系の中核をなす,とする。近代憲法上の「人格の平等」は,自然権思想と結びつき,自由と不可分の関係で成立したもので,日本国憲法の「法の下の平等」も,基本的にこの平等思想に根ざす,とする。

佐藤教授によれば,近代立憲主義の平等は,個人の業績達成の評価と結びつき,結果としての不平等には真剣な考慮が払われていなかった。例として,アメリカ独立宣言が,「すべての人は平等に造られ,造物主によって一定の天賦の権利を付与され,その中に生命,自由および幸福の追求および幸福の追求が含まれる」とされ

---

32) 阿部=野中・前掲注5)316頁が,国会による立法措置がなされないことを14条違反として訴訟で争うことは困難である,とするを引く。
33) 野中俊彦=中村睦男=高橋和之=高見勝利『憲法Ⅰ[第4版]』(有斐閣,2006)249頁。
34) 佐藤幸治・前掲注9)467頁を引く。
35) 佐藤幸治・前掲注9)465頁以下。

ていることが挙げられている。

　佐藤教授は，19世紀の実証主義は，「機会の平等」ないし形式的平等を唱え，「平等」の問題を主に法の適用の領域に限定しようとしたが，この形式的平等の下で生み出された不平等が，社会政治的緊張の主要原因として自覚され，「条件の平等」ないし実質的平等の観念が生まれた。そして，日本国憲法の「法の下の平等」は，「『平等の世紀』の洗礼を受けたもの」であるとする。

　しかし，条件の平等は，公権力の積極的措置によって実現されるため，自由と緊張関係にある。現代憲法の実質的平等への転換は，形式的平等を実際に確保するための基盤形成に寄与する限りの部分的なものである。

　佐藤教授は，家族制度のもとでの「機会の平等」の実現可能性や能力主義そのものを問題とする「結果の平等」は，自由と両立するか否かは，検討を要するとする。自由は，「個性と能力に応じた人格の展開を内実とし」，「正当な評価」を求めるものではないが，「結果の平等」の追求は，徹底かつ強力な国家権力を要請する可能性があるからである。

　平等権の法的性格については，平等は，国家による不平等な取扱いを排除する自由権的文脈で捉えられてきたが，現代積極国家では，国が差別してはならないというだけではなく，社会に事実上存在する不平等を除去する積極的・社会権的内容をもりこんで平等権を捉える考え方が強くなった。通常の社会経済的仮定から体系的に排除された少数者の平等を保障する措置をとる義務とともに，その少数者を通常の過程に参与させるため，一時的に特別の優遇措置（立法による具体的措置など）を講ずることもできるとする考え方が登場した。立法不作為のため，社会の事実上の不平等が除去されない場合には，社会権と同様の状況が生じる。この点，佐藤教授の生存権に関する議論と照らし合わせてみると，立法不作為の違憲確認ができる（ただし，法的意味があるかどうかは疑問視されている）ことになりそうである。

　佐藤教授による優遇措置のための立法についての議論は，2011年の『日本国憲法論』では，「特別の優遇措置を講ずることもできるとする考え方が登場する」とした部分に続いて，「この優遇措置ないし積極的差別是正措置は，複雑微妙な問題を孕んでおり，そのことも関係して，一般には，憲法の保障する平等権の内実そのものはそうした処遇ないし措置を講ずる必要な場合があることは否定しないと解するにとどまっているように思われる」，としたあと，処置ないし措置の理由や方法いかんにより，逆差別による憲法違反となりうることを示唆する。続けて，平等権侵害の訴訟では，（国家行為を）「裁判所が違憲無効とするだけではすまされないものがあることは否定できない」，として，アメリカの例を引いている[36]。

立法不作為に関する議論については,『日本国憲法論』からは,消えてしまっているが,これが,理論的な「撤退」を示すのかどうかについては,判じがたい。

4 検 討

以上,網羅的ではないが,(1)～(4)までの立場をとる諸説を紹介してきた。若干の検討を試みたいが,まず,平等権のもとで政府が積極的措置を行う場合には,その根拠付けに2通りあると考えられる。

第一に,特定の制度的な,あるいは法的な差別に対応して,差別の影響からの「救済」のために,積極的是正措置が行われる,あるいは政府が積極的是正措置を実施する義務を負うとされる場合があろう。制度的・法的差別と,積極的是正措置の関係は,通常の侵害‐救済の関係とは異なるが,例えば,釜田泰介教授[37]が,「救済」目的の優先処遇を認知している。何人かの論者は,生存権的基本権の観点からの実質的平等の文脈で,アメリカのアファーマティブ・アクションを挙げるが,厳密には,アファーマティブ・アクションは差別に対する「救済」の文脈にある。1960年代から実施され始めたアファーマティブ・アクションは,当初,社会的差別の解消に向けられることが許容されていたが,近時のアメリカ連邦最高裁判例は厳格な挙証に基づき認定された法的差別が存在したことに対する,「救済」の文脈で実施されたもののみを許容する。そのほかには,学生集団における多様性の確保の文脈で許容されることがあるが,生存権的基本権の保障や実質的平等とは別のラインのものである。むしろ,そうした「救済」施策が平等保護の保障の見地からなされなければならないのか,あるいは,政府がそれを実施した場合に平等保護の見地から許容されるのかが問題になる。法的差別をとりさることでは,構造的差別や,社会経済的な不利益が残存する場合に,侵害と救済の深刻な非対称に対する対応を,どのように,また,どの程度に平等保護条項の解釈の巾の中で解決しうるかが問題である。

---

36) 佐藤幸治『日本国憲法論』(成文堂,2011年) 198頁。
37) 釜田泰介「第二章包括的基本権 第二節 法の下の平等」佐藤幸治編著『憲法Ⅱ』(成文堂 1988年) 112頁以下。釜田教授は,合憲性審査基準の文脈で,過去において特定人種であることを理由に種々の不利益を受けたことに対する救済としての優先処遇には,その被った被害に対する救済は,当然に被害を与えた時に使用されたのと同じ人種基準でなくてはならない,とし,過去の被害に対する救済が目的である限り,グループ概念の使用も,救済が完了するまでの期間,許されるとする立場を取っている。

第二に，日本国憲法に生存権的基本権の保障が取り込まれたことや，歴史的に形式的平等から実質的平等への志向がみられることにより，実質的平等が法の下の平等の意義に新たに取り入れられるようになった，あるいは，強く反映するようになった，とする見解である。これらの見解は，実質的平等の要請が憲法秩序全体に影響をあたえるとみて，平等権にもその解釈が反映し，さらには，14条以外の条文―社会権規定に，実質的平等の積極的実現を担わせる。

　実質的平等については，これを，宮沢俊義教授が「まったくのニューフェイス」[38]と評する社会権規定の憲法への導入に伴う，生存権的基本権保障へのシフトの影響とみる見方のほかに，もともと，実質的平等の要請は，自然権的な権利保障の見地から要請されるものとみる見方がある[39]。実質的平等の，共同体（国家）の中での位置づけという点では，ドゥウォーキンやロールズの理論を基礎とする場合も，後者のような見方に近い。

　アファーマティブ・アクションは，特定の差別に対応するものと認識されているほかは，実際に目差された社会的経済的差別の「救済」は生存権的基本権保障と似るし，自然権的とみるか，他の理論に依拠するかはともかく，実質的平等を共同体を基礎づけるものとみる場合には，そこに包含されるだろうから，実質的平等を理由とする立場の例示として決しておかしくはない。

　実質的平等を考える場合，結果の平等と，機会の平等を実現する基礎としての実質的平等を分けて考える立場は，理論的には意義があるが，実際の施策が実施される場合には，両者は渾然一体として区別しがたいことが予想され，理論にそれほどの効用を期待できないのではないだろうか。

5　平等権の課題

　実質的平等に依拠する立場の問題点は，まず，通説の見解が，形式的平等のみを保障するところから，踏み込まないことであろう。通説は，実体的平等論を展開しながらも，結局，法の下の平等が形式的平等（機会の平等）のみを保障し，加えて，具体的権利としての平等権解釈には，差別が合理的かどうかを判断する際に趣旨を反映させるとする。

[38) 宮沢・前掲注17) 207頁。
[39) 阿部教授は，「社会国家原理は……社会国家的平等をうながす自由の理念の自然法原理そのもの」としている，阿部＝野中・前掲注5) 18頁。

日本の場合，平成25年9月4日の最高裁大法廷決定[40]によってようやく違憲とされ，法改正がなされた婚外子の法定相続分差別その他の婚外子の平等など，法的な差別という点でも，未解決の課題は少なくない。しかし，横坂教授が指摘するように，14条を，かつてのように，法的な差別のみを禁ずるもので，身分制度の打破にむけられたものと解釈するだけでは，差別の影響に苦しむものにとって，それほどの状況改善はのぞめない。諸説が実体的平等論を展開しながらも，きわめて伝統的な線に平等権の保障範囲を限るのはなぜなのだろうか。

　実体的平等の理論は，あまりにニュートラルに，あまりに手を広げて憲法秩序全体に根拠を求めたために，それが，結果として法の下の平等の意義についての考察や，平等権の解釈論の可能性の探求を，ある意味鈍らせてしまうということが起こっているように思われる。

　第Ⅱ章で紹介するように，他山の石ではあるが，アメリカ憲法の平等条項のもとでは，長く政治的問題であり続けている人種問題について，社会経済的な問題の解決にはほど遠いとされるにもかかわらず，肌の色にかかわらない（color blind），ついで，人種中立的（race-neutral），さらにオバマ（B. Obama）大統領の当選後には，人種差別は終わった（post-racism）などの標語がかわるがわる踊った。アファーマティブ・アクションに関する合憲性審査も厳格化し，きわめて狭い範囲で憲法的に許容されるのみで，かつて，日本の憲法学に多大な影響を与えたウォーレン・コートの輝かしい冠石であった平等保護条項の保障は，痩せ細り続けてきた。これについて，再配分を引き起こす平等保護条項の解釈論が，常に，この条項の保障を狭く限られたものにする方向の政治的プレッシャーに晒され続けることが指摘されている[41]。また，事実的な不平等にかかわらず，「差別はない」と考え（たが）る傾向の

---

40) 最大決平成25年9月4日民集67巻6号1320頁。
41) Reva B. Siegel, *Symposium: Brown At Fifty: Equality Talk: Antisubordination and Anticlassification Values in Constitutional Struggles over Brown*, 117 HARV. L. REV. 1470 (2004).
　　シーゲルによれば，*Brown*事件以降，連邦裁判所は，どのような害悪が生じたかから，どのような区分が用いられたかに分析の焦点を移した。ただし，初めは，政府の用いた区分に着眼することは単に戦略だと理解されていた。最高裁は1960年代に，厳格審査の枠に人種差別を入れ始めたが，それにあたってもアフリカ系に対する害悪は議論されていた。このころから，事実上の差別か，法律上の差別かという議論も始まった。そのうち，憲法問題は，道具となる規制の理由付けの問題に変えられてしまった。シーゲルは，このような過程は，憲法原則が憲法にかかわるポリティクスの所産であることを示す，と指摘する。拙稿「公共工事におけるアファーマティブ・アクションと平等保護の合憲性審査基準」アメリカ法2009年1号（2009）44頁，52頁参照。

バイアスが常に存在し[42]、意識的か無意識かにかかわらず、平等権理論についても、解決が求められている実質的な問題状況に（少なくとも直接には）あまり意を用いない、「中立的な」理論が立てられがちなことには、特に注意を要する。

　日本国憲法のもとでも、無検討に形式的平等のみに保障範囲を限ることや、中立的であるが故に議論を呼びにくいという利点はあるが、社会権規定（解釈努力がなされているが、判例はプログラム規定説をとる）を安易に代替と観念することは、避けられねばならない。

　「生存権的基本権」保障のコンテキストにあっても、平等権には、固有の保障がある。

　法の下の平等、平等権に立ち返った課題をいくつか挙げると、まず、救済施策を実施する政府の義務は、どのような場合にも全く生じ得ないのか、という問題がある。甚だしい差別の影響から、社会経済的な不利益を負ったままの少数者に対し、社会権に基づく施策が対応するのみだとしたら、そこには、侵害と救済の非対称からくる不公正がある。問題を正面からとらえる条項である平等権規定の下で、救済の途を探るべきであるが、この点、裁判規範としても、立法不作為の違憲確認請求が可能だと解するとみられる、佐藤説[43]にみるべきものがある。今般の判例動向の変化により、例外的な場合には、立法不作為に基づく国家賠償の途が開かれたことも念頭におくべきであろう[44]。

　権利保障は、具体的な保障手続をも通じて眺められねばならないが、判例は、合理的な理由付けがあるかどうかについて、一貫して合理性の基準（実質的には比較衡量）をとり続けている。このことは、むしろ、通説に従って、実質的平等の趣旨を結論に反映させることを容易にする。学説に従って、別異取り扱いのために用いられた区分や、問題になっている権利がなにかにより、より厳格な合憲性審査基準を適用すべきであるとすると、例えば、人種・民族などによる深刻な差別に対する積極的救済施策が逆差別であるとして争われた場合に、厳格な審査基準が適用され、違憲とされる可能性が高まるという逆説的な事態が生じる。

　厳格な審査基準を、ある程度巾のあるものとして運用するなどの対応も考えられるが、この争点は、平等権を根幹から見直させる契機になりうる。例えば、社会的・経済的にきわめて優位にあるグループに属し、恩恵を受けている個人が、積極

---

42) Eduardo Bonilla-Silva, Racism Without Racists (2003).
43) 佐藤幸治・前掲注9) 418頁。
44) 在外邦人の選挙権にかかわる、最大判平成17年9月4日判決。

的是正措置に伴うある局面での不利益を平等権侵害として争うことを，平等権はそもそも予定しているのだろうか。

14条解釈における，判例解釈（「スモーキング・スクリーン」と批判される比較衡量）が基準の点で厳密化しないことについて，学説が（諸般の事情を考慮して）諦めてしまうならば，こうした根本的な問題は顕在化することさえない。しかしながら，合憲性審査基準の点では問題が具体化しないにしても，日本国憲法の14条も，財の再配分を引き起こすことを嫌い，実質的な問題解決に意を用いない「中立的な」理論に流れる傾向から自由ではない。

実体的平等の導入をもって，実際の問題解決の目処がつかないにもかかわらず，平等権のあるべき保障について，おおむね伝統的な形式的平等の線で「思考停止」することは，怠惰にすぎる。宮沢教授が指摘するように[45]，平等権は中立ではありえない。平等権は，どのような局面で，誰に保障を与えるのだろうか。

＊初出——「実質的平等の理論」同志社法学64巻7号（2013年）2693頁

---

45) 宮沢・前掲注17) 289頁。

第Ⅱ部

アファーマティブ・アクションと
平等保護のパラドクス

第4章
第2部概説

　諸外国の法制は，全く異なる地理的，歴史的，文化的な諸条件等を前提とし，その独自の法体系の中で働く。そうした差を承知しながらも，研究者は，問題解決の糸口や，それに資するあらたな見方，よりよい対策のあり方等をもとめて，外国の法制を検討する。

　日本国憲法14条後段のモデルとなったアメリカ合衆国憲法修正14条の平等保護条項のもとで，平等権の抱える問題点をあぶり出してきたのは，アファーマティブ・アクションをめぐる諸事件である。

　アファーマティブ・アクションは，アメリカ憲法の修正5条（連邦に対する保障），修正14条（州に対する保障）の平等保護条項のもとで，現在では，唯一積み残された問題とされ，様々な訴訟により争われ，州の立法や憲法修正によって禁止が試みられる場合もあり，長年の大論争になっている。また，このところ，開廷期ごとに事案が連邦最高裁に達している。

　アファーマティブ・アクションは，奴隷制度から解放されたアフリカ系アメリカ人に対する優遇措置を中心として[1]，1960年代にはじまり[2]，教育の分野から雇用に広がった。しかし，1978年の *University of California v. Bakke* (1978)[3]が端的に示すように，アファーマティブ・アクションに対する反発は訴訟にも現れるよう

---

1) 例えば，テキサス州では，ラテン系への差別が存在し，アファーマティブ・アクションの基礎となった。Hopwood v. Texas, 78 F. 3d 932 (1996)。このほか，アメリカ原住民等がしばしば視野に入れられる。Grutter v. Bollinger, 539 U. S. 306 (2003)。
2) 中里見教授は，SAMUEL LEITER AND WILLIAM M LEITER, AFFIRMATIVE ACTION IN ANTIDISCRIMINATION LAW AND POLICY (2002) の要諦を紹介する論文の中で，アファーマティブ・アクションの歴史は再建期に遡るとの見解を紹介している。中里見博「第7章アメリカの男女共同参画　アメリカにおけるアファーマティブ・アクションの展開」辻村みよ子『世界のポジティヴ・アクションと男女の共同参画』（東北大学出版会，2004年）289頁，290頁。
3) University of California v. Bakke, 438 U. S. 265 (1978).

になり，以後，徐々に範囲が狭まり，今日では実施が極めて困難になってきている。

アファーマティブ・アクションの，80年代以降の長い斜陽は，公理としての平等・平等権の保障に関する規程が共通して抱える解釈の志向に起因している。

第2部では，当初，差別事案とは異なる取り扱いが必要だと考えられていたアファーマティブ・アクションの審査基準が，厳格審査に統一され，厳格審査としては緩やかな運用がなされていたものが運用も厳格化してゆく過程を，判例に従って追い，平等保護の解釈が差別の救済という「本筋を外れてゆく」様をながめ，問題の本質をじっくりと考察してみたい。

前置きとして，まず，アファーマティブ・アクションの実施と，逆差別訴訟の提起に至る経緯を述べておきたい[4]。アメリカでは，1940年代には，90％の黒人が貧困地域に居住していた。25歳から29歳までの黒人のうち12％のみが高校を卒業し，2％のみが大学を卒業した。男性の専門職のうち1.8％のみが黒人で，企業経営者や不動産経営者（proprietor）のうち1.3％，医師の2.8％，弁護士の0.5％，技術者の0.5％が黒人であった[5]。

第2次世界大戦のため，1940-60年の間に，工場における労働力の需要があったため，黒人が北部に移住し，物理的環境はかなり改善された。貧困率（poverty rate）は，93％から55％になった。北部でも，安い労働力の流失を防ごうとする南部でも，教育レベルは向上した。1960年には，白人の学校と黒人の学校の教師の給与と学期の長さはほぼ同じレベルで，生徒と教師の割合も白人の学校に対して，生徒が10％多いレベルまで小さくなった。25歳から29歳までの黒人のうち高校を卒業した者の割合は，1940年の12.3％から38.6％まで向上した。大学を卒業した者は，1.6％から5.4％まで増えた。専門職につく黒人の数は，男性で3.8％，女性で6.0％となった。但し，企業経営者や不動産経営者の数は男性で3.0％，女性で1.8％であり，医者の数は2.8％から増加せず，弁護士は0.5％から1.2％に増加，技術者の率は増加しなかった。公務員は，1941年の33人から1965年には280人に増加したが，全国の公務員数に対する比率としてはごく小さいものだった。下院議員は4人以下（1％以下）で，上院議員はいなかった。これに対し，州議会の議員は26人から102人に，市長は0人から3人に，市議会議員は4人から74人に，教育委員会のメンバーは2人から68人になり，1961年には連邦裁判官のうち4人のみが黒人であ

---

4) WILLIAM G. BOWEN & DEREK BOK, THE SHAPE OF THE RIVER (1998) を中心に，諸資料を加えて構成した。
5) *Id.* at 1.

った[6]。

　Brown v. Board of Education (1954)[7]は，この間に，公教育における黒人の分離を，全員一致で違憲と宣言した画期的な事件であった。*Brown* 判決以前は，*Plessy v. Furgason* (1896)[8]の確立した「分離すれど平等（separate but equal）」の原則のもとで，白人の学校に黒人が入学することはできなかった。「分離すれど平等」とはいうが，公教育が学区の不動産からの税収によってまかなわれるという事情から，判決当時の黒人に対する公教育の質は悪く，施設や教師の質などの点で劣っていた。また，*Brown* 判決によって，分離教育が黒人の児童・生徒に心理的な劣等感を与えることが示された。

　しかし，いわゆる *Brown II* 判決，*Brown v. Board of Education* (1955)[9]が可及的速やかな差別の解消を命じた後も，人種差別の解消は遅々としてすすまなかった。南部諸州では，連邦最高裁判決をうけて連邦地方裁判所が発した差止命令に対する抵抗がみられた。

　Brown 事件をうけて有色人種地位向上全国協会（NAACP）などの団体が，アラバマ州モンゴメリーにおける市バスのボイコットなどの運動を繰り広げた結果，交通機関や公的施設での分離が相次いで違憲とされた。また，アーカンソー州知事が学校統合の連邦地方裁判所命令に公然と抵抗したため，ドワイト・アイゼンハワー（D. D. Eisenhower）大統領が黒人の生徒を守るためアーカンソー州リトルロックに連邦軍を送るというような事件が起こった。しかし，それ以外には行政はほとんど差別解消の努力をしなかった。連邦議会は 1957 年公民権法を成立させたが，南部での黒人に対する有権者登録の妨害を改善するには効力が弱すぎた[10]。社会的差別がいっこう解消されなかったことは，いうをまたない。ベル（D. A. Bell）は，南部での抵抗に加え，公立学校統合が北部に広がるにつれ，北部でも，バスによる輸送に抵抗し，近隣の学校に就学する方法を守ろうという動きがあったことを指摘している。子どもへの負担を恐れ，「差別撤廃の対価（the price for desegregation）」が高すぎることに抵抗したのだとされる[11]。

---

6) *Id.* at 1-3.
7) Brown v. Board of Education, 347 U. S. 483 (1954) (Brown I).
8) Plessy v. Ferguson, 163 U. S. 537 (1896).
9) Brown v. Board of Education, 349 U. S. 294 (1955) (Brown II).
10) Bowen & Bok, *supra* note 4 at 3.
11) Derrick A. Bell, *Bakke, Minority Admissions, and the Usual Price of Racial Remedies*, 67 Cal L. Rev. 3, 11 (1979).

1960 年代には，黒人の経済状態は非常に改善したが，白人に比べて大きく劣っていた。差別禁止の最高裁判決の効用は目に見えず，国家の権力構造の中に黒人の影響力は存在しなかった。大企業や大銀行，病院，大きな法律事務所にも，黒人はほぼ雇用されておらず，1965 年には大学生の 4.8％のみが黒人であるというような状況であった[12]。

競争の激しい大学（selective colleges）での状況として，1835 年にはオーバーリン大学の信託委員会（board of trustee）が黒人の教育が重大な関心事で，奨励されるべきである，と宣言している。1941-55 年には，アンティオク大学が黒人の学生をリクルートし，全部で 123 人を就学させた。第 2 次世界大戦以前にも，ラトガース大学，カリフォルニア大学ロサンゼルス校などは，フットボール・チームに黒人の選手がいた。しかし，1960 年以前には，競争の激しい大学では，本質的な数の黒人を求め，入学させる，断固とした努力をしていなかった。1951 年の時点で，記録がある 19 の大学では，新入生の 0.8 パーセントが黒人であった。割合は大学によって 0 ％からオーバーリン大学の 3 ％までの範囲で異なり，他の 5 つの大学でのみ 1 ％を超えた。黒人の学生の総数は，19 の大学で 63 人であった[13]。

ところが，1950 年代末には，変化が現れた。マウント・ホリオーク大学は学校を回って有望な黒人の学生をリクルートし，1964 年には 10 人の学生を就学させた。ウェルズリー大学は，大学進学を希望する黒人学生のために，統一黒人大学基金（United Negro College Fund）の支援を受けて 2 年のプログラムを導入した。イエール大学も，競争の激しい大学に進学を希望する有望な学生の準備のために，夏期プログラムを設置した。1960 年代半ばまでには，公民権運動の高まりを背景に，多くの学校が黒人の学生をリクルートした。しかし，1965 年にニューイングランドの競争の激しい大学に入学する学生は 1 ％にとどまったと推測されている。大学は，レベルの維持を人種統合よりも重視したからである。大学は，黒人の学生のリクルートを活発に行いながらも，一般的な入学基準や経済的補助（financial aid）の基準を大きく改めなかった[14]。

同様に，プロフェッショナル・スクール（ロースクール，メディカル・スクール，ビジネス・スクールなど）に入学する黒人の学生もほとんどいなかった。1965 年にはアメリカのロー・スクールのわずか 1 ％が黒人で，その 3 分の 1 が黒人のみが通

---

12) BOWEN & BOK, *supra* note 4 at 3-4.
13) *Id.* at 4.
14) *Id.* at 4-5.

う大学に就学していた[15]。医学部の2％が黒人で、4分の3以上がハワード大学、メハリー医学大学という2つの黒人のみが通う大学の学生であった。このような状況下で、ハーバード大学のグリスウォルド（E. W. Griswold）学長は、黒人の学生を増加させようとした。アメリカの黒人にとって法の役割が重大になっているのに、ハーバードや他の白人主体のロースクールには黒人の学生がいなかった。1965年にグリスウォルド学長は、歴史的に黒人の学校に就学している2年生にロースクールへの進学に興味を持たせるため、夏期プログラムを開設した。翌年、1966年にハーバード・ロースクールは、テストのスコアが白人学生よりはるかに低い黒人学生を就学させた。この手法が他の大学に採用され、黒人の学生数は増加し始めた[16]。

　この間に公民権運動が起こり、商店での座り込み、人種隔離バスに対する抵抗、ミシシッピ州立大学に黒人学生を入学させることを命ずる判決に対して暴動が起こり、知事が軍隊を出動させるなどの事件が起こった。また、ケネディ（J. F. Kennedy）大統領による大統領令10925号（1961）[17]が出され、政府と契約する建設業者に雇用におけるアファーマティブ・アクションを義務づけ、雇用機会均等委員会（Equal Employment Opportunity Commission）を設立した。ケネディ大統領の暗殺後、人種差別を禁じ、アフリカ系市民等の権利保障をはかる1964年公民権法[18]が制定された。また、一般にアファーマティブ・アクションの起点と目されるジョンソン（L. B. Johnson）大統領による大統領令11246号（1965）[19]が出され、政府と契約する建設業者・請負業者に、雇用における差別を禁じ、アファーマティブ・アクションを義務づけた。また、1965年投票権法[20]が制定されて、黒人の選挙登録率、投票

---

15) *Bakke*事件におけるAALS（アメリカロースクール協会）のブリーフによれば、1964年のロースクールの学生数は700人、全米54,265人以上の学生の1.3％であり、そのうち263人、1/3以上が黒人の大学に通っていたとされている。Erwin N. Griswold, *The Bakke Problem-Allocation of Scarce Resources in Education and Other Areas*, 1979 Wash. U. L. Q. 55, 59 (1979), quoting Brief for Ass'n of Am. Law Schools at 21, Bakke, 438 U. S 265. at 59.
16) BOWEN & BOK, *supra* note 4 at 5.
17) Exec. Order No. 10, 925, 26 Fed. Reg. 1977 (1961).
18) Civil Rights Act of 1964, 78 Stat. 241 (1964) codified in 42 U. S. C. §2000. また、雇用におけるアファーマティブ・アクション政策につき、横田耕一「アファーマティブ・アクションの具体的展開—EEOC "Affirmative Action and Equal Employment"」社会科学論集（九州大学教養部社会科学研究室）23号（1983）87頁。
19) Exec. Order No. 11, 246, 30 Fed. Reg. 12319 (1965). 但し、アファーマティブ・アクションの開始時期については、ニューディールに遡るなどの議論がある。
20) Voting Rights of 1965, 79 Stat. 437 (1965) codified in 52 U. S. C. 10101 et. Seq.

者数が南部で急速に向上した[21]。政府の黒人の平等のための努力はいっそう進み，非差別が，連邦政府と契約する会社が雇用のためにマイノリティーの応募者を特定し考慮する明白な努力をするという要求に道筋をつけた。1965年，ハワード大学の元学長ジョンソン（M. W. Johnson）は，非差別からより精力的なアファーマティブ・アクションへの動きを，「長年に渡って鎖につながれ，解放された者を競争のスタートラインにのせて，『自由に他のすべての者と競争しなさい』といい，それでも完全に公正だということはできない。」と正当化した。連邦契約遵守委員会（Federal Contract Compliance Comission），連邦雇用機会均等委員会（Equal Employment Oppotunity Comission）は，すぐに，連邦と契約する者に，関係の労働市場におけるマイノリティーの雇用者の存在を反映する労働力を作り上げるための目標とタイム・テーブルを含んだ計画を要求するようになった。これらの要求は黒人の雇用から，すぐにヒスパニック，アジア系アメリカ人，ネイティブ・アメリカンに拡大された[22]。

　ほとんどの主要大学，大学院（professional school）が，マイノリティーの教育に対して役割を負うべきだと信じるようになり，学生の抵抗に反して，マイノリティーの応募者を募ったり入学選考で人種を考慮し，白人よりも低いスコアの黒人を受け入れるようになった。過去の差別を正すためにアファーマティブ・アクションを行っているのだという学校もあったが，ほとんどの学校は2つの理由を挙げた。人種や他の要素を，様々な才能，背景，視点をもつ多様な学生集団を作り上げる際に含めることで，すべての学生の教育を豊かにするということが第一である。広く認識されているように，より多くのマイノリティーのメンバーがビジネス界，政府，専門に必要であるということを踏まえ，マイノリティーの学生が，生活のすべての面でリーダーになる特別な機会を有するという確信が第二である[23]。

　これらの努力の結果，アイビー・リーグ校における黒人の割合は，1967年に2.6％であったものが，1976年には6.3％に上昇し，ほかの有名（prestigeous）大学

---

21) NATHAN GLAZER, AFFIRMATIVE DISCRIMINATION: ETHNIC INEQUITY AND PUBLIC POLICY (1987). 拙稿「アメリカにおけるマイノリティーの政治参加」関東学院法学15巻3・4号137号（2006）参照。中村良隆「裁判所による選挙区割」英米法学39号（2000）27頁。近時の動向につき，中村良隆「投票権法2条と小選挙区における少数者（マイノリティ）の過半数要件―Bartlett v. Strickland, 129 S. Ct. 1231（2009）」比較法学45巻3号（2012）172頁，中村良隆「1965年投票権法による事前承認制度の合憲性―Shelby County v. Holder, 133 S. Ct. 2612（2013）」比較法学47巻3号（2014）326頁。
22) BOWEN & BOK, *supra* note 4 at 5-6.
23) *Id.* at 6-7.

では，1.7％から4.8％に上昇した。メディカル・スクールでは黒人学生は6.3％に達し，ロー・スクールでは4.5％になった[24]。

しかし，76年の入学者は，初期の努力でリクルートされた黒人学生とは大きく異なった。1960年代後半から1970年代初頭の強いイデオロギーによる努力によって，初期にはゲットー出身の，真に不利な立場におかれた学生のリクルートに重きが置かれた。しかし，マイノリティーの学生は，初期には一旦入学すれば適応するものと思われていたが，そうはいかなかった。黒人学生の中には白人の機関に幻滅を感じるものもあり，入学選考基準や支援プログラム，住居のアレンジ，提供されるカリキュラムについて，多くの大学で論争が起こった。1960年代から70年代初期にはベトナム戦争に伴う学生のプロテストが起こった。これは，カリキュラム等をめぐり大学側や教授陣を，学生の視点や優先順位の違いを折り合わせようとする努力のあらわれであった[25]。

競争の激しい大学はスタッフを増やすなどしてマイノリティーのリクルートに取り組んだが，マイノリティーの学生数は増えなくなった。1970年代半ばから終わりにかけて，リベラル・アーツの大学は，リスクの高い，あるいは準備のできていない黒人に焦点をあてるリクルートを止め，他の方法でのリクルートに切り替えた。1976年の時点では，このような変化を反映する学生が就学していた[26]。

法律はあまり助けにならず，連邦の資金によって運営されるプログラムの下で活動する者が人種や国籍による差別を行うことを禁ずる公民権法のTitle VIに，人種を考慮するプログラムが違反することをおそれる大学もあった。しかし，1970年代には，連邦が，大学に要求するプログラムにアファーマティブ・アクションを含めることを要求するようになり，人種を考慮する入学選考は許容されるだけでなく要求されているかに思われるようになった[27]。

しかし，*Bakke*事件に付されたカリフォルニア州のロースクールの学長らによるブリーフによれば，1970年には全米で355,242人の弁護士のうち，1％をわずかに

---

[24] 同年に書かれた*Bakke*事件に付されたAASLのブリーフでは，ロースクールにおける黒人の学生は1700人，メキシコ系が500人とされている。それぞれ，全部で43,000人のうち，4.9％，1.3％を構成した。*Bakke*事件における，専門家による入学選考委員会のための調査では，この2つの人種は全人口の14％を構成しするのに，ロースクールでは多くても2.3％しか代表されていないとされている。Griswold, *supra* note 15 at 59。

[25] BOWEN & BOK, *supra* note 4 at 7。

[26] *Id.* at 7-8。

[27] *Id.* at 8。

超える 3,845 人が黒人であったこと，メキシコ系アメリカ人の弁護士が人口に比して非常に少ないことが指摘されている[28]。

また，1976 年にブリーフが書かれたときから 10 年をさかのぼる間に，ロー・スクールへの応募が激増し，1974，1975，1976 年にはカリフォルニア大学バークレー校に 8,042 人の応募者があったことが示されている。そのうちの 4,126 人が大学の評定と LSAT を組み合わせた予想評定平均（predicted Grade Average）で 75 点を上回っていた。この基準では，黒人の応募者は全く合格する見込みがなかった。アファーマティブ・アクションを導入すると，75 点以上の黒人やメキシコ系の学生の 86％が合格し，白人の 33％が合格した。75 点以下では 26％のマイノリティーの学生と 3％の白人のみが合格した，とされる[29]。

このような背景の下で，1978 年に，カリフォルニア大学デイビス校医学部の入学選考制度が Title VI 及び修正 14 条の平等条項に違反するとする *Bakke* 事件が提起された。

こうした経緯を踏まえ，アファーマティブ・アクションをめぐる論争を中心に，平等保護条項の解釈論に目を転じてゆくことにする。

* 初出――「高等教育におけるアファーマティブ・アクション」関東学院法学 13 巻 3 号（2003 年）49 頁

---

28) Griswold, *supra* note 15 at 58, quoting Brief for California Schools at 2, Bakke, 438 U. S 265.
29) *Id.* at 58.

第5章
厳格審査への途

1 アファーマティブ・アクションの合憲性審査基準をめぐる論争 ──

　アメリカ合衆国においては，1956年の *Brown v. Board of Education*（*Brown II*）[1] 判決以来，過去の差別の影響を克服するという目的で，あるいは人種的多様性を確保し広く人種統合を実現する目的で，教育，雇用，事業参入などの諸分野でマイノリティーに対するアファーマティブ・アクション（優遇措置）が行われてきた。

　しかし，これらのアファーマティブ・アクションが平等権保護を定めた合衆国憲法の修正14条の平等保護条項や，修正5条のデュー・プロセス条項に含まれると解されている平等の要素を侵害しないかどうかは長らく論議の的となっていた。特に，人種を理由としたアファーマティブ・アクションの合憲性を判断する際に，通常の人種差別事件と同じく，人種を理由とした異なった取り扱いが政府の非常に重要な目的（compelling interest）に仕え，他者に無用な不利益を与えないように充分に狭く限られて（narrowly tailored）いれば合憲とする厳格審査を適用するのか，あるいはやや緩やかな審査基準を適用するのかは最大の問題点であった。厳格審査は一般的に，ある事例に適用されればその事例が合憲とされることはまずないと認識される厳しいものであるから，アファーマティブ・アクションの審査基準が厳格審査なのかほかの審査基準なのかは，事実上アファーマティブ・アクションのプログラムを実施することの憲法上の可否を左右するものと受け止められてきた。

　連邦最高裁判所の判決は1977年の *Bakke v. University of California*[2] 以来，長くアファーマティブ・アクションに適用される審査基準についての統一的な見解をまとめることができなかった。しかし全体としての傾向は，過去の人種差別の影響の克服や人種的多様性などの目的に鑑みて，やや緩やかな中間審査の適用を主張す

---

1) Brown v. Board of Education, 349 U.S. 294 (1956) (Brown II).
2) University of California v. Bakke, 438 U.S. 265 (1978).

る裁判官や，厳格審査の適用を主張してもアファーマティブ・アクションが厳格審査を通過するという見解の裁判官，または憲法上対等の機関である連邦議会の権限を尊重して，その実施するアファーマティブ・アクション・プログラムを合憲とするという見解などが組み合わさって，アファーマティブ・アクションの合憲性を支持してきた。

しかし，合衆国においてアファーマティブ・アクションに対する反感が高まるとともに，連邦最高裁においても裁判官の交代が進み，アファーマティブ・アクションの合憲性をより厳しい基準で判断しようという意見が主流を占めるようになった。その結果1989年になって *City of Richmond v. Croson*[3] 事件が，州法によって設立された自治体であるリッチモンド市が実施したアファーマティブ・アクションを厳格審査を適用して違憲とすることを初めて法廷意見をもって宣言した。その翌年 *Metro Broadcasting v. FCC*[4]（1990）事件が連邦議会が創出したアファーマティブ・アクションを中間審査を適用して合憲とする判決を下したものの，1995年の *Adarand Constructors, Inc. v. Pena*[5] 判決は連邦議会が創出したアファーマティブ・アクション・プログラムに厳格審査を適用するとして連邦地裁に差し戻した。

Adarand 判決は州によって行われるものであれ，連邦によって行われるものであれ，アファーマティブ・アクションに厳格審査を適用すると宣言した。

本当ならこれによってアファーマティブ・アクションの実施が憲法上許容されるかどうかという問題にも事実上けりがつくはずなのだが，そうはならなかった。厳格審査の採用が，アファーマティブ・アクションが合憲とされる可能性が少なくなったという認識を生じた一方で[6]，*Adarand* 判決における法廷意見（一部多数意見）はこの点に関して，厳格審査を適用しても許容されうるアファーマティブ・アクションがあるという見解を付け加えたからである。

Adarand 判決以降，アファーマティブ・アクションに関連する最高裁判決はしばらくなく，第5巡回区連邦控訴裁判所で厳格審査を適用してロー・スクールの入学選考におけるアファーマティブ・アクションを違憲とした判決があるものの，他の巡回区も連邦や州の政治部門も，必ずしもアファーマティブ・アクションの実施が *Adarand* 判決によって不能になったとは考えていなかった。ただし，*Adarand* 判決

---

3) City of Richmond v. J. A. Croson Co., 488 U. S. 469 (1989).
4) Metro Broadcasting v. FCC, 497 U. S. 547 (1990).
5) Adarand Constructors, Inc. v. Pena, 515 U. S. 200 (1995).
6) *See, e. g., Federal Affirmative Action After Adarand Constructors, Inc. v. Pena*, 74 N. C. L. REV. 1259 (1996).

以後，カリフォルニアとワシントンの2州でこれに力を得たとみられるアファーマティブ・アクション禁止法が制定された。

本章及び続く6，7章では，アファーマティブ・アクションの諸判決を検討し，*Adarand* 判決の法理を今一度検討することを主眼とする。併せて，*Adarand* 判決以降の下級審の動向や政治部門の反応，アファーマティブ・アクション禁止法の制定などの動きを紹介してゆきたい。

❷ アファーマティブ・アクションの先例と合憲性審査基準の推移——

❶ アファーマティブ・アクションに適用される合憲性審査をめぐる争点

アファーマティブ・アクションに，人種差別に通常適用されるよりも緩やかな合憲性審査を適用しようという議論の大きな根拠は，アファーマティブ・アクションと人種差別の性格の違いである。人種差別が特定の人種に属する個人を圧迫しようとするのに対し，アファーマティブ・アクションは過去の人種差別の影響の克服，ないしは人種的多様性の確保による人種統合という目的をかかげる広い意味での救済を目的とする。厳格審査でなく，中間審査やその他のより緩やかな基準をアファーマティブ・アクションに適用しようという意見は，このような差異が一見して判別可能であるという前提に立って，アファーマティブ・アクションを人種差別とは違った基準で審査すべきだとする。修正14条は南北戦争直後に，解放されたアフリカ系市民に対する人種差別を違憲とし，彼らを擁護する目的で制定されたことから，人種を理由とした圧迫に対抗する明確な方向性をもつと解されることが根拠になっている。人種を理由に個人を圧迫する以外の場合の人種を理由とした区別は厳格審査が適用されるべき人種差別の範疇に属さないと考えるのである。

これに加え，連邦議会がアファーマティブ・アクション・プログラムを実施した場合には，その憲法上の地位や権限を特に考慮に入れて，その判断を尊重するべきだという立場をとる場合もみられる。

もともと，連邦による平等権侵害を論ずる場合には，州に適用される修正14条の平等保護条項でなく，もともと平等保護条項を含まない，修正5条のデュー・プロセス条項のもとで，人権侵害があったかどうかを論ずることになる。このため，初期には，連邦による人種を理由にした区別の合憲性基準は，州がそうした区別を用いた場合の合憲性基準よりも緩やかであるという解釈が存在した。こうした解釈

は，連邦がアファーマティブ・アクションを実施する場合には，州が実施する場合よりも緩やかな合憲性基準を適用すべきであるというような考え方の背景になっていたが，修正5条と修正14条の平等条項の合憲性基準が異なるという考え方は，論点としては議論されているが，もはや，あまりとられない。

かわって，連邦議会は修正14条を執行するための立法権限を連邦議会に与えた修正14条5項によって，人種差別に対抗する立法を制定する積極的な権限を与えられているという主張がなされてきた。または，権力分立の観点から，連邦裁判所と対等の地位にある議会の政策判断を尊重するという意味で，連邦議会の立法によるアファーマティブ・アクションには厳格審査より緩やかな基準が適用されるべきだという立場もみられる。

このような連邦議会の判断を尊重する立場は，たとえ厳格審査をアファーマティブ・アクションに適用するとした場合でも，その目的や手段が厳格審査の要件を満たすかを判断する時点で，連邦議会の判断であることを加味して審査を行い，実質的には緩やかな審査基準を適用したのと同様の結果を導き出すこともある。

アファーマティブ・アクションを他の人種を理由とした差別とは区別して扱う論調に対し，すべての人種を理由とした区別を，疑わしいものとして，一律に厳格審査を適用して，その合憲性を判断しようというのが，対立する立場である。

以下に，判例の流れを，紹介してゆく。

2 修正14条と修正5条

アファーマティブ・アクションを特別視し，あるいは連邦議会の判断を尊重して，異なった合憲性審査基準を適用すべきか，あるいは，審査の際に，議会権限の行使であることを考慮に入れるべきか，という議論に踏み込む前に，まず，修正14条の平等保護条項と修正5条のデュー・プロセス条項の合憲性審査基準は同一か，という，古い論点に関する判例の流れを確認しておこうと思う。

連邦に対する平等保護と州による平等保護の事件に異なった合憲性基準を適用するという見解は，初期には，州に対する平等保護が修正14条の平等保護条項で明示的に認められていたのに対し，連邦に対する平等保護は修正5条のデュー・プロセス条項のもとで論じられ，デュー・プロセス条項が平等権侵害に対して何の保障も与えないとか，デュー・プロセス侵害が認められるのが平等保護条項よりもやや難しいと解されたところから発していた側面がある。

連邦憲法の修正14条は州に対する平等保護条項を含むが，連邦政府に対しては明文の平等条項をおいていない。そのため，現在では，連邦政府に対する平等保護

のケースの場合には修正5条のデュー・プロセス条項が平等の要素（equality component）を含むと解釈し，連邦憲法が連邦政府に平等保護の要請を課しているという解するのが普通である。また，2つの条項のもとでの，平等権の合憲性審査基準は，確かに修正5条の文言，原意的解釈や憲法の意図する連邦と州の力関係などの点から議論があるものの[7]，通常，同じであると解されている。

連邦が行うアファーマティブ・アクションに，より緩やかな基準を適用するという見解の根拠としても，修正5条と修正14条の合憲性基準の差異は問題にされず，人種差別とアファーマティブ・アクションの差異が認識可能だという主張に加え，修正14条5項の与える議会権限などを根拠に，連邦議会の判断を尊重するべきだという主張がなされる。ただ，直接の根拠はともかく，連邦と，かつて，人種差別の担い手であり，修正14条の平等保護条項が明示的に命令を与えている州は，憲法上，全く同等の裁量を与えられてはいないという認識が，州と連邦によるアファーマティブ・アクションを別に扱う背景としてあることは，否定できない。この論点は，Adarand判決の時点では死んではおらず，法廷意見は修正14条と修正5条の差という論点から，議論を始めていた。

修正14条の平等保護条項と，修正5条のデュー・プロセス条項の合憲性審査基準が同一かどうかという論点に関する判例を順に紹介すると，まず，相続税に関わる先取り特権の事例で人種差別に関連しない Detroit Bank v. U. S. (1943)[8]では，修正14条とは異なり平等保護条項を含まない修正5条は，連邦議会の差別的立法に対して何の保障も与えない，としていた。

太平洋戦争時の，日系人に対する夜間外出禁止令を争った Hirabayashi v. U. S. (1943)[9]では，最高裁は「その祖先のみを理由とした市民の区別は，本質的に，平等の原理に基づいて築かれた制度をもつ自由な人民にとって憎むべきものである」[10]としながらも，Detroit Bank 事件を引いて，修正5条はデュー・プロセスの拒否に相当するような議会の差別的立法のみを制限する，との解釈を示して[11]夜間外出禁

---

7) See, Adarand Constructors v. Pena: Madisonnian Theory as a Justification for Lesser Constitutional Scrutiny of Feredal Race-Conscious Legislation, 1996 B. Y. U. L. Rev. 301 (1996).
8) Detroit Bank v. U. S., 317 U. S. 329, 337-338 (1943). 差別的立法がデュー・プロセスを害するまでに恣意的且つ損害を与えるものになった場合は修正5条の保障を受ける可能性がある旨の傍論が付されている。
9) Hirabayashi v. U. S., 320 U. S. 81 (1943).
10) Id. at 100.
11) Id.

止令を合憲とした。最高裁は議会の国防を維持するという目的が状況に照らして合理性の基準[12]を満たすと解釈した。

同時期に，日系市民の軍事地区立入禁止令違反の合憲性を争った *Korematsu v. U. S.* (1944)[13]事件では，最高裁は修正 5 条の平等保護が修正 14 条の平等保護条項による保障とは大きく異なるという解釈には言及しなかった。最高裁は，特定の人種クループの公民権を制約する法的制限は即，疑わしく (immediately suspect)，裁判所はもっとも厳しい審査基準を用いてこれを審査しなくてはならない[14]，として，修正 5 条がそもそも平等権を保障しないとした *Detroit Bank* 判決や修正 5 条のもとでの平等権侵害の認定に，修正 14 条の場合よりも高い基準を設定したとみられる *Hirabayashi* 判決と食い違うともとれる，いわゆる厳格審査の起源とされる意見を述べている。しかし，*Korematsu* 事件は，明示的に平等権侵害に対する審査基準として，厳格審査を課したわけでなく，2 つの先例と同じく，デュー・プロセスの拒否に当たるかどうかという争点を判断した可能性もある。*Korematsu* 事件は，結論としては結局，排除命令は議会の権限の範囲内であるという判決を下した。

修正 14 条の平等保護条項が州に課する義務と，修正 5 条の平等保護の連邦に対する要請が異なるという解釈を明らかに提示したのは *Bolling v. Sharpe* (1954)[15]であった。*Bolling* 判決はコロンビア特別区の公立学校の人種統合に関する事件であり，修正 14 条の平等保護条項でなく修正 5 条が問題になったが，「法の平等保護」は，デュー・プロセスによる保護よりも明示的な不正に対する保障であるとしながらも[16]，結局，同じ憲法が連邦政府により軽い義務を課するとは考えにくい[17]，と結論を述べている。最高裁は *Hirabayashi* 判決，*Korematsu* 判決を引いて人種を理由とした差別が憲法的に疑わしいとし[18]，連邦憲法は市民権や政治的権利に関する限り，連邦政府あるいは州政府による市民に対する人種を理由とした差別を禁止しているとして[19]，連邦政府に修正 14 条と同等の平等保護の義務を課した。ただ，

---

12) *Id.* at 101-102. 続いて，立法権が瑕疵なく行使されたことが論じられている。
13) Korematsu v. U. S. 323 U. S. 214 (1944).
14) *Id.* at 216. 最高裁は，軍当局は公安に対する重大かつ危急の危険の防止という憲法的に正当化される目的をもち，*Hirabayashi* 判決と同じ 1942 年法に基づく軍事地区立入禁止令は，諜報活動や妨害行為の防止に絶対的かつ密接な関係をもっている，*Id.* at 218，日系市民に対する立入禁止令は必要である，*Id.* at 219 としている。
15) Bolling v. Sharpe, 347 U. S. 497 (1954).
16) *Id.* at 499.
17) *Id.* at 499-500.
18) *Id.* at 499, n. 3

ウォーレン（E. Warren）長官は修正14条の平等条項と修正5条のデュー・プロセスが相互互換的であるとは解さないと注記している[20]。

最高裁は以後の判例の中でも，連邦政府と州政府の平等保護義務を区別せず，*Korematsu* 事件を共通の先例として引用したり，厳格審査を適用したりして[21]，修正14条と修正5条の合憲性基準を同じものとし，相互に判例を引用している。例えば *Frontiero v. Richardson*（1973）[22]は，女性の軍人が扶養家族である夫のための手当（quarters allowance）と医療給付等を求めた際，同様の請求について男性がその妻を扶養している際には求められない扶養の立証を求める立法が違憲とされた連邦政府による性差別事件であったが，遺産管財人を選定する際に，同資格の者なら男性を優先するというアイダホ州法が違憲とされた，州法による性差別事件のリーディング・ケースである *Reed v. Reed*（1971）[23]を引用し，その修正14条のもとでの合憲性基準，すなわちいわゆる中間審査を，合理性の基準との比較において厳しい審査（close judicial scrutiny）[24]，厳しい司法審査（strict judicial scrutiny）[25]，と呼んで黙示的に採用しているとみられる。

そして，妻の死後に子を養育している男性が社会福祉法の規定によって生存者利益を認められなかったことが修正5条を侵害するとされた *Weinberger v. Weisenfeld*（1975）[26]はその脚注2において，「修正5条は……デュー・プロセスを侵害するまでに不正な差別を禁止する」，としたあと，「修正5条の平等権侵害の訴えは常に修正14条のもとでの平等権の訴えと全く同じであった」と述べた。その他にもいくつかの判例が，最高裁による修正5条の平等の要素の解釈が修正14条の平等保護

---

19) *Id.* at 499.
20) *Id.* at 499.
21) See, e. g., MacLaughlin v. Florida, 379 U. S. 184, 191-192（1964）（結婚していない黒人と白人の異性が，夜，同室に住むことを犯罪としたフロリダ州法が修正14条のもとで違憲とされた），Loving v. Virginia, 388 U. S. 1, 11（1967）（異人種間の結婚を処罰するバージニア州法が修正14条に違反し違憲とされた，久保田きぬ子「平等権―白人と黒人の結婚の自由」別冊ジュリスト英米法判例百選 I（1978）134頁参照。）．*See* Kenneth L. Karst, *The Fifth Amendment's Guarantee of Equal Protection*, 55 N. C. L. Rev. 541, 554（1977）．
22) Frontiero v. Richardson, 411 U. S. 677（1973）．
23) Reed v. Reed, 404 U. S. 71（1971）
24) Frontiero, 411 U. S. at 682.
25) *Id.* at 690.
26) Weinberger v. Weisenfeld, 420 U. S. 636（1975）．脚注2は Frontiero, 411 U. S. 677（1973）などの判決を引いている。

条項の解釈と全く同じであることを明示している[27]。

ただ，この流れに属さない判決もある。国籍を理由に合法的に居住している外国人をある種の連邦機関の公務員の地位につけることを拒んだり，解雇したりする連邦規則をデュー・プロセスを侵害し違憲としながらも，修正14条と修正5条の平等保護の基準が異なり，連邦による国籍を理由とした異なった取り扱いには狭い司法審査しか妥当しないとした *Hampton v. Mow Sun Won* (1976)[28]が挙げられる。

❸ アファーマティブ・アクションの合憲性審査基準をめぐる判例の流れ[29]

アファーマティブ・アクションに通常の人種差別と同じように厳格審査を適用するか，あるいは，アファーマティブ・アクションであることを理由に，あるいは，なんらかの根拠によって，中間審査などのより緩やかな審査基準を適用するかをめぐっては，最高裁では長く統一的な見解がなかった。この点に関する判例の推移を，以下に紹介する。

① ***Bakke*事件**　*University of California vs. Bakke* (1978)[30]では，カリフォルニア大学デイビス校の医学部が，マイノリティーの学生のために，特別の入学選考制度を設け，特別の選考委員会で審査を行ったことが問題になった。マイノリティーの学生は，非マイノリティーの学生に課せられるGPAの最低点2.5を満たさなくとも審査を受けられた。また，マイノリティーの応募者は非マイノリティーの応募者と比べられることが1度もなかった。1973年及び1974年には，100名中16名がマイノリティーに留保された[31]。これに対し，入学を拒否された白人男性Bakkeが，

---

27) Buckley v. Valeo, 424 U.S. 1, 93 (1976)（大統領選挙における連邦による個人や団体の献金，支出などの規制が小党に対する差別ではないかなどが問題になった），U.S. v. Paradise, 480 U.S. 149, 166, n.16 (1987) (plurality opinion of Brennan, J.).
28) Hampton v. Mow Sun Won, 426 U.S. 88, 100, 101-102, n.21 (1976).
29) 西村裕三「Affirmative Actionをめぐる合衆国最高裁判例の動向」アメリカ法〔1989-2〕237頁参照。
30) University of California v. Bakke, 438 U.S. 265 (1978). 大越康夫「教育における人種平等—バーガー・コートの逆差別事件を中心にして」早稲田政治公法研究第10号 (1981) 161頁，高橋一修「Regents of the University of California v. Bakke, 438 U.S. 265, 98 S.Ct. 2733, 57 L.Ed. 2d 750 (1978)」別冊ジュリスト英米法判例百選第三版 (1996) 67頁参照。
31) *Id.* at 272-276.

修正14条および1964年公民権法の Title VI に違反するとして訴訟を提起した。

連邦最高裁は，パウエル（L. F. Powell, Jr.），スティーブンス（J. P. Stevens），バーガ（W. E. Burger），スチュアート（P. Stewart），レーンクイスト（W. H. Rehnquist）で構成される法廷意見が，デイビス校医学部がとった割当制を用いる入学選考制度を違憲とした。但しスティーブンスの執筆した，バーガ，スチュアート，レーンクイストの同意した意見は，1964年公民権法の Title VI 違反を理由としたものであった。また，パウエル，ブレナン（W. J. Brennan, Jr.），ホワイト（B. R. White），マーシャル（T. Marshall），ブラックマン（H. A. Blackmun）の異なった構成の法廷意見が，カリフォルニア州最高裁が医学部が人種を考慮することを禁じた命令を差し戻した。しかし，ブレナン，ホワイト，マーシャル，ブラックマンの意見の理由付けも，パウエル裁判官のものとは異なっていた。ブレナン，ホワイト，マーシャル，ブラックマンの4人の裁判官は，*Bakke* 事件においてとられた優遇措置がマイノリティに対する過去の差別を治癒しようとするものであるという性質に着目し，中間審査で，そのプログラムが個人に烙印（stigma）を押すものであるか，というテストをあわせて適用し，本件における優遇措置を，合憲とすることを主張した[32]。

結果として法廷意見となったパウエル意見は，単独で，優遇措置に関する問題点として，善意の措置が実際に善意のものであるかどうかが常にはっきりしない，個人の価値とは関係なしにステレオタイプを用いる，責任のない第三者に負担を負わせるなどの問題点を挙げた[33]。そして，人種や民族による区別に対する憲法的保障が，特定の人種グループの一員であるからではなく，そのような区別が個人の人権を侵害するという理由で個人に与えられたものであれば，多数者にも一貫した合憲性審査基準が適用されねばならないとした。そして，人種や民族に基づく区分が用いられる場合には，政府の非常に重要な利益（compelling interest）に仕えるよう正確に限られて（precisely tailored）いなくてはならない，とし，厳格審査の適用を示唆した[34]。

デイビス校医学部は，マイノリティーに特別の入学制度を採用する理由として，医学部や医療に従事する職業において，歴史的に冷遇されてきたマイノリティーの欠損を改善すること，社会的差別の解消，現在医師が不足している共同体における

---

32) 438 U. S. at 359 (Brennan, White, Marshall, and Blackmun JJ., concurring in judgement in part and dissenting in part).
33) *Id.* at 298.
34) *Id.* at 299.

医師の数を増やすこと，民族的多様性のある学生集団（ethnically diverse student body）からくる教育的利益を得ること，を挙げた[35]。パウエル意見は，修正1条に基づく学問の自由に言及し，このうち，多様性のある学生集団（diverse student body）からくる教育的利益を得ることのみを，大学の入学選考の文脈において合憲性審査基準を満たす非常に重要な利益と認めた[36]。パウエル意見は，過去の人種差別の影響からの救済という州の利益の正当性を確認したが，社会的差別の救済という広範な目的は許容されないとしており，デイビス校医学部の過去の差別を特定する挙証が不充分であるとして，非常に重要な利益とはみとめられなかった[37]。

　手段の点ではパウエル意見は，デイビス校が採用した割当制（quota）は特定の席に対する競争から非マイノリティーの学生を排除するもので，違憲であるとした[38]。パウエル意見は一方で，憲法的に許容できる入学選考制度の例として，ハーバード大学で実施されていた入学選考制度である，いわゆるハーバード・プラン（Harvard Plan）に言及した[39]。このようなプログラムは，人種をプラス（plus）として考慮し[40]，それぞれの応募者を個人として扱うものであるとされた[41]。目的及び手段の合憲性の検討の部分にも同調者はなく，パウエル単独の意見であった。

　パウエル意見は，厳格審査をみたす人種的区分の利用は許容されるとして，カリフォルニア州最高裁判所が入学選考において全く考慮してはならないとした点について原審に差し戻した。この結果にのみブレナン，ホワイト，マーシャル，ブラックマンが同調した[42]。

　以上のように意見が割れたため，*Bakke* 事件は，一貫した法廷意見を形成することができなかったとみられ[43]，その先例としての位置づけが長く議論されることに

---

35) *Id.* at 305-306.
36) *Id.* at 311-315.
37) *Id.* at 307-310. 医療サービスが不足している地域のサービスを向上させることについては，入学プログラムがこの目的のために必要であるか目的を促進する，という証拠がないとされている。*Id.* at 310. どのような目的がアファーマティブ・アクションの基礎として受け入れられるかはアファーマティブ・アクションの合憲性を論ずるうえで中心的な論点の1つである。これについて，西村裕三「アファーマティブ・アクションの任意の実施と差別の立証要件」大阪府立大学経済研究 32 巻（1987）212 頁参照。
38) *Id.* at 319-320. 割当制（quota）プログラムの致命的欠点は，修正 14 条で保障された個人の権利を無視していることだとされている。
39) *Id.* at 316-317.
40) *Id.* at 317-318.
41) *Id.* at 318.
42) *Id.* at 320.

なる。

② *Bakke* 事件後の判例　2 年後の *Fullilove v. Klutznick* (1980)[44]では，1977 年公共事業雇用法に含まれた，連邦の雇用事業資金の 10％をマイノリティーによる事業からのサービスと供給を作り出すのに使うため留保するという，連邦政府が行ったアファーマティブ・アクションが問題になったが，この判決でも法廷意見は形成されなかった。

バーガ長官はホワイト，パウエルの両裁判官と共に，*Bakke* 事件で主張されている厳格審査も中間審査も用いず，立法の目的が議会の権限の範囲内であるか[45]，そして，優遇措置が議会の目的を達成するために憲法的に許容できる手段であるか，という二段階のテストを課して，10％の留保制度を合憲とした。その根拠としては救済プログラムが裁判所と対等の機関である議会によるものであること[46]に加え，修正 14 条の 5 項で議会が積極的に修正 14 条を保障するための立法を為す権限が与えられていることが挙がっている[47]。手段の審査では，非マイノリティーの事業者が宣言的判決と差止判決（injunction）を求め，実際にプログラムの適用が問題になったのではないこととも関連し，当該プログラムがパイロット・プログラムであることまでが議会の選んだ手段を認める理由として挙げられている[48]。

一方でバーガ長官は意見の最後に，人種や民族を理由としたあらゆる優遇措置は最もきびしい（searching）審査に服さなくてはならないとしながら，しかし，この制度は *Bakke* 事件で採用された厳格審査に照らしても合憲であろう，と付け加えている[49]。

パウエル裁判官はこれに，多数意見は本質的に厳格審査を適用したものである，という個別意見を付加している[50]。パウエル裁判官は，代替手段の効果（efficacy），救済が行われる期間，雇用されるべき人種的少数者の割合と，地域の人口や労働人口（work force）の関係，雇用計画が達成されなかった場合の免除規定の有無（waiver provision），第三者に対する救済の影響，という 5 つの要素を考慮に入れ，

---

43) 515 U. S at 218.
44) Fullilove v. Klutznick, 448 U. S. 448 (1980)
45) 問題になった議会権限とは，修正 1 条の通商条項を基礎とした支出権限であった。
46) *Id*. at 473, 483, 490-491.
47) *Id*. at 476.
48) *Id*. at 489.
49) *Id*. at 491-492.
50) *Id*. at 495, 496 (Powell, J., concurring).

採用された手段を合憲と判断した[51]。

マーシャル裁判官はブレナン，ブラックマンの同調した同意意見で優遇措置がマイノリティに対する過去の差別を治癒しようとするものであることを理由に，緩やかな合憲性基準を適用してプログラムを合憲とすることを再び主張した[52]。マーシャル裁判官の主張した基準は，人種を理由とする優遇措置は政府の重要な目的（important governmental purpose）に本質的に関連していれば（substantially related）合憲で[53]あるという，いわゆる中間審査であった。

スチュアート裁判官はレーンクイスト裁判官と共に，人種を理由とした差別に対するルールは，人種差別的法律によって権利を侵害された者が人種的少数者でないからといってなんのかわりもない[54]，また，平等条項のもとで議会が負う義務は司法部と何ら変わらない[55]として，事件を控訴審に差し戻すべきだという反対意見を述べている。

スティーブンス裁判官は，「人種に基づく区別は，単純にあまりにも有害であって，正当化理由と区別のもっとも正確な関連によってしか許容されない」と述べ[56]，優遇措置のプログラムが充分に狭く限られていないとして，違憲を主張した[57]。

Wygant v. Jackson（1986）[58]では，学校教師をレイ・オフする際に人種による優遇措置を採用する労使の合意の合憲性が争われた。

パウエル裁判官による，バーガ，レーンクイスト，オコナ（S. D. O'Connor）の同

---

51) *Id.* at 510-511, 514-515.
52) *Id.* at 517 (Marshall, J., concurring).
53) *Id.* at 519.
54) *Id.* at 522, 525 (Stewart, J., dissenting).
55) *Id.* at 527. 立法部は衡平裁判所ではなく，過去の差別の影響を取り除くための人種に基づいた救済をなすための冷静な客観性や柔軟性をもちあわせていない，つまり，救済立法を制定する権限そのものがない，よしんば立法部が修正14条5項もしくはその他の条項のもとで救済権限を有していても，立法部が過去にその連邦の事業資金の配分において人種差別を行ったという証拠がない，というのが詳しい主張である。
56) *Id.* at 537 (Stevens, J., disentting).
57) *Id.* at 532, 548 (Stevens, J., disentting).
58) Wygant v. Jackson, 476 U. S. 267 (1986). 西村裕三「アファーマティブ・アクションをめぐる3判決—Wygant v. Jackson Board of Education, 106 S. Ct. 1842 (1986), Local 28 of Sheet Metal Workers' International Association v. EEOC, 106 S. Ct. 3019 (1986), Local Number 93, International Association of Firefighters v. City of Cleveland, 106 S. Ct. 3063 (1986)（アメリカ連邦最高裁公法判例の動向（1985年〜86年開廷期)-1-)」判例タイムズ38巻23号（1987年）59頁参照。

意を得た多数意見は，マイノリティに対する過去の差別を治癒しようとする意図は，適用される合憲基準に影響されるものではない，として厳格審査を適用した[59]。多数意見は社会的差別を是正するために，生徒にロール・モデルを提供するとする学校側の意図は，非常に重要な目的とは考えられない，という判断を示し，社会的差別はそれだけでは人種を理由とした救済の基礎としては無定型（amorphous）すぎるとし，優遇措置を実施するためには，過去に差別があったという充分な証拠がなくてはならないとした[60]。さらに，オコナ裁判官の参加のない部分では，雇用目標を設定するなどの，より介入的でない代替手段が考えられることから，レイ・オフ計画は，充分に狭く限られた手段ではないとして[61]，当該優遇措置を違憲とした。

オコナ裁判官は，その個別意見では，各裁判官によって，厳格審査のもとでの非常に重大な利益，中間審査のもとでの重要な利益として，過去の人種差別の影響からの救済が共通して認識されており，意見に不一致があるのが手段の面であるという見解を示している[62]。オコナ裁判官は，社会的差別の是正という目的が，厳格審査をパスしない以上，本件では，その目的を達成するためにとられた手段が狭く限られているかという審査はすべきでないとしている[63]。

ホワイト裁判官は特に審査基準に言及せず，学校側の主張する利益がそのレイ・オフのポリシーを正当化するに足らないという判断を示し，結論のみに同意している[64]。

四人の裁判官が反対意見を述べている。マーシャル，ブレナン，ブラックマンは，Bakke，Fullilove などの判決を引き，中間審査を示唆するようなフレーズはみえる。しかし，3人の裁判官は，理由付けは違っても，これらの判例が，アファーマティブ・アクションを支持するという合意を形成したとし，労使間合意の結ばれた状況に鑑みて，どの審査基準を用いても，レイ・オフ・ポリシーは有効であるとした[65]。

そのほか，マーシャル意見は，当事者間の合意に司法が介入することの不適切や，

---

59) 476 U. S. at 273.
60) *Id.* at 274-277.
61) *Id.* at 283.
62) *Id.* at 284 (O'Connor, J., concurring). 多様性（diversity）などのアファーマティブ・アクションを正当化するのに用いられる利益を，同様に，実は差別の治癒を目的としたものだと認識するべきだとしたものに，Jed Rubenfeld, *Affirmative Action*, 107 Y$_{\text{ALE}}$ L. J. 427, 471 (1997).
63) *Id.* at 293-295.
64) *Id.* at 295.
65) *Id.* at 301-303.

この事件では社会的差別の認識を問題にすることなく過去の差別を立証できる可能性があるが，有力な証拠が下級審で採用されていないことなどを理由に差し戻しを主張している[66]。

スティーブンス裁判官も，特に審査基準を特定していないが，学校側の採ったプログラムが公益に資するか，合意が採用された手続きは公正か，狭い手段か，原告の不利益をしのぐか，政府の意思決定から人種という無関係の要素を取り除く第一歩になるか，という点を考慮し，プログラムを合憲としている[67]。

続く *Sheetmetal Workers v. EEOC* (1986)[68]，雇用差別是正の裁判所命令が争われた *U. S. v. Paradise* (1987)[69] も同様に，審査基準の点で法廷意見を構成することができなかった。

Sheet Metal Workers 事件[70]では，組合の，Title VII 違反の認定を基礎にした 29 パーセントの非白人組合員の加入を促す目標の設定を含む，救済措置の合憲性が争われた。

ブレナン裁判官執筆の多数意見が，一部法廷意見となったが，マーシャル，ブラックマン，スティーブンスが同調した部分では，再び，連邦地方裁判所の救済命令が厳格審査をさえパスするであろうとして，地裁が認定している組合による過去の差別の是正を非常に重要な利益と認定し，組合による是正措置への抵抗の記録を鑑みて，地裁の採った救済措置を狭く限られたものと解し，修正5条のもとで合憲としている[71]。

パウエル裁判官は合憲の結論には同意しているが，手段を，Fullilove 事件で示した5つの要素に照らしてさらに細かく検討し，充分に狭く限られていると結論づけた[72]。

オコナ裁判官はその一部同意一部反対意見で，非白人の加入ゴールを人種による割当制であるとして違憲としている[73]。

ホワイト裁判官は地裁の割当制を用いた救済命令は，割当制を含んだ救済措置による受益者が，雇用差別の犠牲者であるという事実認定なしでは，救済命令の基礎

---

66) *Id.* at 301-302.
67) *Id.* at 313.
68) Sheet Metal Workers v. EEOC, 478 U. S. 421 (1986).
69) U. S. v. Paradise, 480 U. S. 149 (1987).
70) 478 U. S. 421.
71) *Id.* at 479-481.
72) *Id.* at 485-489.
73) *Id.* at 497.

となった Title VII の条項の範囲を超えることを反対の理由としている[74]。

レーンクイスト裁判官とバーガ裁判官は当該法律が，実際に雇用差別をうけた人種的少数者以外の人種的少数者と，非少数者をすげ替え，不利益を与えるような人種的優遇措置をとらせる命令を禁じているとする反対意見を述べている[75]。

U. S. v. Paradise（1987）[76]は，1972 年に初めて訴訟が起こされた事件である。アラバマ公安局では，37 年間にわたって，警官や補助業務に黒人を雇用したことがなかった。問題になったのは，この雇用差別に対する，割当制を含む連邦地裁の是正命令の合憲性である。

ブレナン裁判官の執筆した，マーシャル，ブラックマン，パウエル裁判官参加の多数意見は，厳格審査を適用してさえ，是正命令は充分に狭く限られた手段であるとし[77]，目的についても，多数意見は，公安局の，「広範で構造的，かつ執拗な差別的行為が，人種を考慮した地裁の命令に，深い必要性と確かな正当化理由を与えている」，とした[78]。

多数意見に参加したパウエル裁判官は，別に，厳格審査のもとで手段が狭く限られているかを検討する際の，*Fullilove* 事件で示した5つの要素を再び用い[79]，これに基づいて地裁の救済命令を検討し，合憲とする意見も付している[80]。

スティーブンス裁判官は，地裁が是正命令を発する際に，厳格審査の基準にとらわれない広範な権限を有すること，割当制の合憲性審査の場合に，異なった基準を採用するのかどうかについて，最高裁の見解ははっきりしないこと，地裁裁判官の裁量権の逸脱があったという証明がなかったことを理由に，是正命令を合憲とした[81]。オコナ，レーンクイスト，スカリア（A. Scalia）裁判官の反対意見は，地裁の是正命令を判断するためには，厳格審査に基づく，政府の非常に重要な利益を達成するための目的か，手段は狭く限られているか，の審査を行わなくてはならないとする。オコナ反対意見は，連邦政府が，公安局による過去及び現在の差別を救済する非常に重要な利益を有し，地裁が救済を行う権限を有することには異論を述べていない。しかし，多数意見の採用した厳格審査の，手段が狭く限られているかど

---

74) *Id.* at 499.
75) *Id.* at 500.
76) 480 U. S. 149.
77) *Id.* at 167, 168-171.
78) *Id.* at 167, 171-185.
79) *Id.* at 187.
80) *Id.* at 188-189.
81) *Id.* at 189-195.

うかという基準が緩やかすぎる点を問題とし，割当制を用いた救済措置が本当に必要であったのかどうかの検討が不十分であり，他の代替手段が差別の解消に有効であったという見解を示して，違憲を主張した[82]。

ホワイト裁判官は，この趣旨に同意しながらも救済措置が地裁の権限外であるという個別意見を述べている[83]。

最高裁の見解の割れを反映して，下級審も様々な審査基準を採用している。例えば *South Florida Chapter of Associated General Contructors of America, Inc. v. Metropolitan Dade County* (1984)[84] では郡による公共事業の取り置きプランが問題になった。*Fullilove* 事件でバーガ裁判官が採用したとされる，過去の差別からの救済という目的と，第3者の権利を不公正に侵害しないために手段が狭く限られているかという関心を衡量する比較衡量テストが採用された。*Kromnick v. School Dist. of Philadelphia* (1984)[85] では，*South Florida Chapter of Associated General Contructors of America, Inc.* に倣って比較衡量テストが採用され，学校教師の雇用について現在の75％から125％の黒人教師を雇わねばならないという労働協約が合憲とされた。*Williams v. New Orleans* (1984)[86] では連邦地裁が，警官の採用における雇用差別の解消のために提案された是正命令を承認しなかったことに関して，控訴審が争われた。是正命令の提案は，Title IV に基づく雇用差別訴訟における和解案として提出されたものだった。当初，連邦控訴裁判所裁判官は，地裁が，昇進に関して，1対1の割当制による救済を採用しなかったことを裁量権の逸脱とする判断を下していた[87]が，控訴裁は，大法廷で再聴聞を行い，Title VII は割当制を禁じていないとしながらも[88]，地裁が1対1の割当制を採用しなかったことは正当であったと判断した[89]。審査基準は，地裁に裁量権の逸脱があったかどうか，であったが[90]，控訴裁判決は，この1対1の割当制は，1つのクラスとしての人種に適用

---

82) *Id.* at 196.
83) *Id.*
84) South Florida Chapter of Associated General Contructors of America, Inc. v. Metropolitan Dade County, Fla., 723 F. 2d 846 (cert denied, 469 U. S. 871) (1984).
85) Kromnick v. School Dist. of Philadelphia, 739 F. 2d. 894 (CA3 1984, cert denied, 469 U. S. 1107)
86) Williams v. New Orleans, 729 F. 2d. 1554 (CA5, 1984).
87) *Id.* at 1556, citing Williams v. New Orleans, 694 F. 2d. 987 (CA5, 1982).
88) *Id.* at 1557-1558.
89) *Id.* at 1570.
90) *Id.* at 1558-1559.

され，過去の差別の救済として正当化されない優遇措置を避けるような手法[91]を取っていないこと，学校における人種差別のように，児童すべてが過去の差別の影響を受けるような状況でもないことをとりあげ，Fullilove 事件が採用した，最も厳しい審査（most searching examination）を満たさないであろうとし，地裁が当該割当制を採用しなかったことは，適当であった，としている[92]。

③ **Croson 事件**　こうした状況の中で，最高裁は 1989 年の *City of Richmond v. J. A. Croson Co.*[93]においてようやく，州による，人種を理由としたアファーマティブ・アクションに，どのような合憲性審査基準を適用するかについての法廷意見をまとめるに至った。*Croson* 判決は市の契約の 30％をマイノリティーによって所有されている業者に留保するというリッチモンド市の条例が争われた。

オコナ裁判官の意見の一部が，レーンクイスト，ホワイト，ケネディ（A. M. Kennedy），スティーブンス裁判官の同意を得て，法廷意見となった。しかし，合憲性審査基準については，オコナ裁判官の，レーンクイスト，ホワイト，ケネディ裁判官の同調を受けた部分と，独自の同意意見を執筆したスカリアが，厳格審査を採用した。

オコナ意見は，まず，レーンクイスト裁判官，ホワイト裁判官のみの同調を受けて，連邦議会によって行われたアファーマティブ・アクションと，州によって行われたアファーマティブ・アクションを区別する。マーシャル裁判官が，反対意見で主張したような，修正 14 条による人種差別の分野での連邦の先取り的（preempting）権限は認めないが，修正 14 条 5 項が連邦議会に対して積極的な立法権限を認めており，*Croson* 判決は，連邦のアファーマティブ・アクションを扱った，*Fullilove* 判決と区別されるというのである[94]。一方，州や地方自治体が過去の差別

---

91) 例として，Fullilove v. Klutznick, 448 U. S. at 486-489 が挙げられている。*Fullilove* 事件では，業者が 10％とりおき制度を利用するためには，行政の審査を受けねばならなかった。
92) Williams v. New Orleans, 729 F. 2d. at 1567-1570.
93) City of Richmond v. J. A. Croson Co., 488 U. S. 469（1989）．中川徹「City of Richmond v. J. A. Croson Co., 109 S. Ct. 706（1989）―マイノリティーの建設請負業者に一定割合の契約額を保留する市条例に基づくアファーマティブ・アクションが平等保護条項に違反するとされた事例」アメリカ法［1990-2］335 頁．大沢秀介「最近のアファーマティブ・アクションをめぐる憲法問題―クロソン判決を題材に」法学研究（慶應義塾大学）第 62 巻 12 号（1990）223 頁参照。
94) 488 U. S. at 486-491.

の効果からの救済を為す権限は，修正14条1項の制限の範囲内で，認められているとする[95]。

オコナ裁判官の，レーンクイスト，ホワイト，ケネディ裁判官の同調を受けた部分は，修正14条の平等条項のもとでの合憲性基準は特定の区別によってどの人種が不利益を受けたり利益を受けたりするかにかかわりなく，厳格審査である，とした。修正14条は個人の権利を保障するもので，その個人がどの人種グループに属するかで異なった基準が適用されるわけではない。マーシャル裁判官が主張するように救済を目的とした人種による区別により緩やかな基準を適用するという考え方を採った場合，まず，人種による区別が救済のためのものかどうかを，厳しい審査なしにどのように見分けるのかというのが問題だというのがその趣旨である。また，リッチモンド市の人口，市議会の議席数の上でも，黒人は数の上では多数派であり，多数派による人種による区別の援用が疑わしいという点からも，厳格審査の必要性が主張されている[96]。

厳格審査を適用するという部分では同調しなかったスティーブンス裁判官を加えた法廷意見は，市の用いた区別について，州や地方自治体はその立法管轄の中で私的差別を解決する権限を有するが[97]，市はそうした救済措置が必要であったという証拠に基づく強い基礎をもたなかったとした[98]。また，手段についても，法廷意見は，過去の差別を救済するために充分に狭く限られたものではなかったとして，当該プログラムを違憲としている[99]。

スティーブンス裁判官は，その一部同意結果同意意見で，法廷意見の前提となっている可能性のある，過去の差別からの救済を目的とする以外のアファーマティブ・アクションは決して許容されないという考え方に反対し，広い裁判所の裁量を認めるべきだという見解を述べている[100]。スティーブンス裁判官は，アファーマティブ・アクションにどのような審査基準を適用すべきかという点については特定せずに，利益を受け，または不利益を受けるクラスの性格を特定して不利益な取り扱いが正当化されるかどうかを審査するという，独自の分析を展開している[101]。

---

95) *Id.* at 491-493.
96) *Id.* at 493-498.
97) *Id.* at 499.
98) *Id.* at 498-506.
99) *Id.* at 507-508.
100) *Id.* at 511, 513.
101) *Id.* at 514.

ケネディ裁判官は，オコナ意見の，連邦議会と州によって実施されたアファーマティブ・アクションを区別する見解に不同意で，一部同意，結果同意意見を付している。ケネディ裁判官は，州によって制定されれば違憲である法が連邦によって制定されれば合憲であるという点が納得できない，人種的中立性という道徳的命令が平等保護条項の駆動力だと述べている[102]。

　スカリア裁判官は，オコナ意見が，過去の差別の影響からの救済のために，州や地方公共団体が差別を行ってよい状況があるとした点に反対し，同意意見を書いた。スカリア裁判官は，アファーマティブ・アクションは，他の人種差別と同様，許容されないという基本的な見解をもっている[103]。スカリア裁判官は，州や地方公共団体が人種を理由とした区別を用いてよいのは，たとえば，監獄での叛乱など，生命と身体に差し迫った危険を及ぼすような，社会的危険が起こったような場合のみである，とする[104]。スカリア裁判官は，修正14条5項を根拠に，最高裁が，連邦政府に，過去の差別の影響に対し，人種を理由とした区別を用いた救済をある程度許容してきたことを，修正14条1項で，明示的に平等条項の名宛人となっている州がアファーマティブ・アクションを行うことと区別し[105]，同時に，連邦が，州による人種差別に対して，人種的平等の実現のために闘ってきたことを根拠として挙げている[106]。州は，その，人種差別的な制度を廃止することはできる[107]，また，人種中立的な区別を用いて，過去の差別の影響からの救済を行うことはできる，どのような人種中立的救済であれ，人種差別によって，不利益を受けてきた黒人に，より利益を与えるであろう，と，スカリア裁判官はいう[108]。

　マーシャル意見は，ブレナン，ブラックマンの同意を得て，再び中間審査を適用し，市の条例を合憲とする反対意見を述べている[109]。同時に，修正14条の1項も

---

102) *Id.* at 518.
103) *Id.* at 520-521.
104) *Id.*
105) *Id.* at 521-522.
106) *Id.* at 523.
107) *Id.* at 524.
108) *Id.* at 526-528. 表面上人種中立的だが人種的考慮を含んでマイノリティーに有利に働く，あるいは人種の多様性の確保を許す政策を合憲とする論文に，Kathleen M. Sullivan, *After Affirmative Action*, 59 Ohio St. J. L. 1039 (1998). また，人種によらないクラスを基礎にしたアファーマティブ・アクションを提案するものに，Richard D. Kahlenberg, *Class-Based Affirmative Action*, 84 Cal. L. Rev. 1037 (1996).
109) 488 U. S. at 528.

5項も，州が，過去の差別からの救済を為す権限を制限するものではない，とする。修正14条5項を議会の権限の源とした Fullilove 事件でも，この条項が，州の，差別を撤廃する一般的権限を制限するとは読まれなかった．修正1条についても，州が，人種を考慮に入れた救済を為すことは，なんら禁じられていない，とされている．修正14条は，州が人種を原因とした暴力行為や人種差別に適切に対応しないことを懸念して，制定されたものだからである[110]。

リッチモンド市が実施したアファーマティブ・アクションが争われた Croson 判決では，少なくとも4人の裁判官が，連邦と，州や，その機関である地方自治体のアファーマティブ・アクションを区別したため，修正14条の5項に基づく連邦議会の権限に基づいて行われるアファーマティブ・アクションの合憲性を修正5条のもとで判断する基準がやはり厳格審査であるのか，という点は最高裁によっては解決されずに残った[111]。

④ **Metro Broadcasting 事件**　ところが，放送行政における人種的多様性を確保するため，免許の新規付与に関してマイノリティー所有の会社を優遇したり，免許の維持が難しくなった放送会社がマイノリティーに所有されている会社に免許を売り渡す場合には，通常要求される審査を経ずに譲渡することができるなどの連邦放送委員会の優遇政策が問題とされた Metro Broadcasting Inc. v. FCC (1990)[112]では，最高裁は，中間審査を適用して合憲判決を下している。

法廷意見を構成したのは Fullilove 判決，Croson 判決で中間審査の適用を主張したブレナン，マーシャル，ブラックマン裁判官にホワイト，スティーブンスを加えた5人であるが，本件を，連邦放送委員会の決定が地方自治体や州のアファーマティブ・アクションとは異なって，連邦議会の立法に支持されていることを理由に，厳格審査を適用した Croson 判決と区別し，異なった審査基準，つまり中間審査が妥当するとする[113]。連邦による良性の（benign）連邦の人種を理由とした区別は，たとえ政府による，または社会的な過去の差別の被害者の救済を目的としなくても，

---

110) *Id.* at 557-561
111) *Id.* at 486 (opinion by O'Connor, J., joined by Rehnquist, Ch. J., and White, J.).
112) *Id.* at 225, see, Metro Broadcasting Inc. v. FCC, 497 U.S. 547 (1990). 西村裕三「Metro Broadcasting Inc., 110 S. Ct. 2997 (1990),—FCC の放送免許に関する2種類のマイノリティ優遇措置は，合衆国憲法第5修正に含まれる平等保護の要請に違反しないとされた事例」アメリカ法［1992-1］109頁，上野恵司「アメリカの放送行政とマイノリティ—メトロ判決を契機として」早稲田大学法研論集第63号（1992）参照。

中間審査の基準を満たしさえすれば合憲であるとしたのである[114]。最高裁は放送の人種的多様性（diversity）を促進するという重要な政府目的に仕え，その目的に本質的に関連しているとして，当該政策を合憲とした[115]。

オコナ裁判官はレーンクイスト，スカリア，ケネディの同調を得て，厳格審査の適用を主張し，放送の人種的多様性の確保は非常に重要な利益とはいえず，放送委員会の採った政策は狭く限られてもいないし，中間審査の求める目的の促進との実質的関連性という要件さえ満たさないと批判している[116]。

Metro Broadcasting 判決は，*Croson* 判決の揺り戻しであるとか，*Croson* 判決で明らかになった，最高裁のアファーマティブ・アクションへの態度の硬化に対してのリベラル派の最後の勝利である[117]，とかいわれた。しかし，1995年の *Adarand v. Pena*[118] 判決では，最高裁が *Metro Broadcasting* 判決を覆し，*Croson* 判決に従って，連邦のプログラムを含め，すべてのアファーマティブ・アクションに厳格審査を適用することを宣言して，アファーマティブ・アクションに適用される合憲性審査基準を一応確定したとみなされている。

---

113) Metro Broadcasting, 497 U. S. at 565. 連邦議会の権限を尊重する Fullilove に倣った解釈とみえる。修正14条5項は法廷意見には明示的には挙がっていない。

114) *Id*. at 564.

115) *Id*. at 600. 連邦議会が放送委員会の人種的多様性を促進する政策を支持する背景に過去の差別を治癒する意図がみえるため，*Id*. at 575. 目的が過去の差別の救済でないとはいえないという指摘が西村・前掲注112）115頁脚注13にみえる。同様の構成について，Rubenfeld, *supra* note 62。

116) *Id*. at 602 (O'Connor, J., dissenting). O'Connor 反対意見は，*Fullilove* 事件が過去の差別の治癒のみを目的とし，厳格審査を適用したと法廷意見を批判している。

117) 西村・前掲注112），116頁参照。

118) 515 U.S. 200. 君塚正臣「人種のアファーマティブ・アクションと審査基準—Adarand Constructors, Inc. v. Pena, 115 S. Ct. 2097（1995）」東海大文明研究所紀要17号（1997）27頁参照。このほか，*Adarand* 判決以前の判例状況につき，横田耕一「アファーマティブ・アクションの判例動向」社会科学論集（九州大学教養部社会科学研究室）28号（1988）175頁。

第6章
アファーマティブ・アクションと厳格審査

1　アファーマティブ・アクションへの厳格審査の適用

　Adarand 判決では，ハイウェイ建設の事業の元請け業者が，下請け業者を選ぶ際に，マイノリティーに所有されている業者を選んだ場合，補償を受けることができるという連邦のプログラムの合憲性が問題になった。

　法廷意見では，オコナ（S. D. O'Connor），レーンクイスト（W. H. Rehnquist），ケネディ（A. M. Kennedy），トマス（C. Thomas），スカリア（A. Scalia）の5人の裁判官が，すべての人種を理由としたアファーマティブ・アクションに厳格審査を適用することを宣言して，本件を原審に差し戻した。

　しかし，オコナ意見は，人種を理由としたアファーマティブ・アクションが，厳格審査を通過する可能性があると示唆している。法廷意見を形成した5人の裁判官のうち，スカリア裁判官は，オコナ意見の法的安定性に関する部分（Ⅲ-C）には，同意しなかったのに加え，独自に，人種を理由としたアファーマティブ・アクションが合憲とされる可能性はないとする個別意見を付し，これに矛盾しない範囲で，法廷意見に同意するとしている。したがって，オコナ意見のこの部分に，スカリア裁判官の同意はなく，多数意見であるとみられる。

　反対意見に回った4人のうち，スティーブンス（J. P. Stevens）裁判官は，ギンズバーグ（R. B. Ginsburg）裁判官の同調を受けて，アファーマティブ・アクション，特に，連邦立法部によるアファーマティブ・アクションであることを理由に，より緩やかな基準の適用を主張した。また，スータ（D. H. Souter）裁判官は，ギンズバーグ裁判官とブライア（S. G. Breyer）裁判官の同調を受けて，平等保護条項のもとでの審査基準を，比較衡量的な単一の合理性の基準とみる解釈を示しているが，いずれも当該アファーマティブ・アクション・プログラムは，厳格審査よりも緩やかな基準のもとで合憲性が支持されるべきであったとしたものである。

　ギンズバーグ裁判官は，独自の反対意見も書いている。

本章では，すべての人種を理由とするアファーマティブ・アクションに，厳格審査を適用するとしたリーディング・ケースである，Adarand 判決を分析する。

2　Adarand 判決の概要と争点

　Adarand[1]事件はハイウェイ建設のガードレール専門の業者である Adarand が入札を行った際，「社会的経済的に不利益を負った個人」に経営されている請負契約者を雇った場合には付加的な補償を受け取ることになっているハイウェイ建設事業者が Adarand の低い見積にもかかわらず，「社会的経済的に不利益を負った個人」に経営されている請負契約者と認定されている別の会社と下請け契約を交わしたことから起こった。

　連邦のほとんどの事業契約には連邦法によって同様な条項を含めることが要求されており，またその条項が，事業者は「社会的経済的に不利益を負った個人」は黒人，ヒスパニック，ネイティヴ・アメリカン，アジア系アメリカ人その他のマイノリティとその他すべての小規模事業法（SBA）[2]に従って不利益を負っているとされる個人を含むと推定すべきである，と述べることを要求している[3]。

　Adarand はこの条項に置かれている推定が人種を理由にした差別に当たり，連邦の修正5条に基づく平等保護義務違反であると主張したのである。

　SBA は §8(d)(1) で「社会的経済的に不利益を負った個人に所有され経営されている小さな事業が連邦の機関の契約の実行において最大限の参加の機会をもつ」という連邦の政策を宣言し[4]，「社会的に不利益を負った個人」を「その個人の特性（quality）にかかわらず，あるグループのメンバーとしてのアイデンティティーのために，人種的，民族的，或いは文化的偏見によって不利益を負った者[5]」と定義している。「経済的に不利益を負った個人」は「社会的に不利益を負った個人で，自由な事業のシステムにおいて競走する能力が，他の同じ分野の事業に従事する者で社会的な不利益を負っていない者に比べて，資本的信用的な機会の減少によって損なわれた者」と定義されている[6]。

---

1) Adarand Constructors, Inc. v. Pena, 515 U.S. 200, 205-210 (1995).
2) Small Business Act, 15 USC §631 et seq (1958).
3) 515 U.S. at 205, quoting §§637(d)(2), (3).
4) Id. at 206, quoting §8(d)(1), 15 U.S.C. §637(d)(1).
5) Id., quoting §8(a)(5), 15 U.S.C. §637(a)(5).
6) Id., quoting 15 U.S.C. §637(a)(6)(A).

SBA は §8(d)(1) に述べられた政策を促進するために,「社会的経済的に不利益を負った個人に所有され経営されている事業が連邦の事業において最大限の参加の機会をもつための政府の大きな目標」を「毎会計年度,全ての1次(prime)契約と下請け契約の価値の5%を割らない」ことに定めている。同時に,各連邦機関の長が社会的経済的に不利益を負った個人に所有され経営されている事業の参加のための機関ごとの特別の目標を定めることが求められている[7]。

　SBA はこの目標を様々な方法で実行に移すが,その中で本件に関係するのは,§8(a)[8]プログラムである。§8(a) プログラムは参加している事業者に広い利益を授与するが,その1つが本件で問題になっているような下請け契約補償プログラムへの自動的参加である。§8(a) プログラムに参加するためには,事業は「小さく」[9]かつ「社会的経済的に不利益を負った個人」として資格を与えられている個人に51%以上所有されていなくてはならない[10]。SBA は黒人,ヒパニック,アジア太平洋系アメリカ人,インド系アメリカ人,ネイティヴ・アメリカンと「その時々に SBA によって指定されたグループ」を「社会的に不利益を負った」と推定する[11]。また,SBA のリストに挙がっていないグループのメンバーが明白かつ信ずるに足る証拠を挙げて社会的に不利益を負っていることを証明することをも許容する[12]。そのうえで,SBA はそれぞれの §8(a) プログラムの参加者が連邦規則 §124.106(a)[13]の定める基準に沿って「経済的不利益」を証明することを要求していた。

　また,「§8(d) 下請け契約プログラム」は §8(a) プログラムとは異なり,下請け条項への参加のみに関連するが,§8(a) プログラムと同じに,このプログラムでもマイノリティーのグループに属することで社会的な不利益を負っていることが推定され,参加しようとする個人にやや緩やか(less restrictive)だが経済的不利益を負ったことの証明を要求すると考えられる[14]。しかし他の規則によると §8(d) は少数者のグループのメンバーに,人種に基づいて,社会的経済的不利益を負っている,という推定を与えているともされ[15],§8(d) プログラムが経済的不利益の推定まで

---

7) *Id.*, quoting and citing 15 U.S.C. §644(g)(1).
8) *Id.*, citing 15 U.S.C. §637(a).
9) *Id.* at 207, citing 13 CFR §124.102 (1994).
10) *Id.*, citing 13 CFR §124.103.
11) *Id.*, citing 13 CFR §124.105(b)(1).
12) *Id.*, citing 13 CFR §124.105(c).
13) *Id.*, citing 13 CFR §124.106(a).
14) *Id.* at 208, citing 13 CFR §124.106(b).
15) *Id.*, 48 CFR §§19.001, 19.703(a)(2) (1994).

も与えるかどうかは明確ではない。

しかし, §8(a), §8(d) のプログラムの両方について, 不利益を負っていることの推定は, もし, 第三者がプログラム参加者が実際に経済的あるいは社会的に不利益を負っていないことを示す証拠をもって現れたら, 覆すことが可能である[16]。

Adarand 事件で問題になっている契約は Surface Transportation and Uniform Relocation Assistance Act of 1987[17]に基づいたものであるが, 10%を割らない資金が「社会的経済的に不利益を負った個人に所有され経営されている小さな事業に対して支出されなくてはならない」と定め, SBA の「社会的経済的に不利益を負った個人」の定義と適用のある人種に基づいた推定を採用し, それに加えてこの条項の目的に関連して「女性は社会的経済的に不利益を負っている」と付け加えている[18]。この法律は運輸長官 (Secretary of Transportation) が州政府がプログラム参加のための資格があるかどうかを認定するために最低限の統一的基準を設定することを求めており, 運輸長官はこれを受けて基準を設置し[19], プログラム参加資格を認定する政府は, 応募者が人種的少数者グループに属する場合, または女性であった場合には社会的経済的不利益の両方を推定すべきであると規定した[20]。SBA の場合と同じく, 第三者は証拠をもって特定の事業が不利益を負っているという推定を覆すことが可能である[21]。

Adarand は入札に敗れた後, コロラド連邦地裁において様々な連邦公務員を相手取り, 平等権侵害を訴える訴訟を起こした。連邦地裁は連邦の正式事実審理を経ないでなされる判決 (summary judgement) の動議を認め, 第10巡回区裁判所も厳格審査ともいわれる基準を用い, しかし実質的には連邦のアファーマティブ・アクションを州のものとは異なった緩やかな基準で判断してアファーマティブ・アクションのプログラムを合憲とした*Fullilove v. Kultznick* (1980)[22], それを継承した *Metro Broadcasting v. FCC* (1990)[23]を先例として地裁の判決を支持した。Adarand は最高裁に上告したが, 最高裁ではアファーマティブ・アクションに対してどのような合憲性基準を適用するかが問題になったのである。

---

16) *Id.*, citing 13 CFR §§124. 111 (c)-(d), 124.601-124.609.
17) *Id.*, 101 Stat. 132 (1987).
18) Adarand, 515 U. S. at 208, quoting §106(c)(2)(B), 101 Stat. 146 (1987).
19) *Id.* citing §106(c)(4), 101 Stat. 146, 49 CFR pt. 23 subpt. D (1994).
20) *Id.* citing 49 CFR pt. 23. 62 (1994), 49 CFR pt. 23 subpt. D, App. C.
21) *Id.* citing 49 CFR §23. 69 (1994).
22) Fullilove v. Kultznick, 448 U. S. 448 (1980)
23) Metro Broadcasting v. FCC, 497 U. S. 547 (1990).

3 アファーマティブ・アクションの合憲性審査基準

1 法廷意見：厳格審査の軌跡

　*Adarand*事件の法廷意見はオコナ裁判官によって執筆され，その部分にはレーンクイスト長官，ケネディ，トマス，スカリアの各裁判官が参加している。スカリア裁判官は人種を理由とした区別には一律，厳格審査を適用するとした部分には参加したが，厳格審査を通過するアファーマティブ・アクションが存在するという点において不同意であり，個別に同意意見を執筆している。

　法廷意見はまず，憲法が州に比べて連邦政府により軽い義務を課するとは考えられないとして，修正14条の平等保護条項と修正5条のもとでの平等保護の合憲性基準が同一であることを判例を検討して確認した後，アファーマティブ・アクションにどのような合憲性基準が適用されるべきかという議論に移っている。*Hampton v. Mow Sun Won* (1976)[24]については，連邦の政治部門がその特殊性のためにこの一般的ルールから外されるのが適当であるという正反対の示唆を理解しないと宣言している。

　*Adarand*判決がとりあげる主要な論点は，平等保護条項が，過去に差別を受けてきたアフリカ系市民，その他に適用される場合と，そうでない場合にはその解釈基準が異なるかどうか，という点である。法廷意見はすべての人種差別が一律に扱われるべきだという解釈の発展を，判例の推移をたどって示している[25]。

　最高裁が初めてアファーマティブ・アクションに緩やかな基準を適用すべきかという問題を扱った*Bakke*事件 (1977)[26]は，カリフォルニア大学デイビス校医学部の入試制度の合憲性が争われたが，最高裁は法廷意見を形成することができなかった。*Adarand*判決の法廷意見は，結果的に最高裁の判断を示すことになったパウエル意見が，アファーマティブ・アクションであるか，そうでないかによっての審査基準の差異を否定していることが指摘されている。

　*Adarand*判決の法廷意見は，パウエル (L. F. Powell, Jr.) 裁判官の意見の，「平等保護の保障は，ある個人に適用された場合には1つのことを意味し，違う肌の色の人に適用された場合には，違うことを意味するというようなことはありえない」[27]，

---

24) Hampton v. Mow Sun Won, 426 U. S. 88, 100, 101-102, n. 21 (1976)
25) 515 U. S. at 218-227.
26) University of California v. Bakke, 438 U. S. 265 (1978).

「どのような種類の人種，民族に基づく区別も，本来的に疑わしく，最も厳しい司法審査を喚起する」という部分を引用している[28]。そして，4人の裁判官が，救済目的で用いられる人種的区別には，やや緩やかな審査基準を適用するという意見を述べていること，他の4人が法律に基づいて事件を判断すべきだという立場であったことを紹介している[29]。

次に取り上げられている Fullilove 事件（1980）[30]では，やはり法廷意見が形成されなかったが，Adarand の法廷意見は，この判決を，総じて厳格審査を適用し，アファーマティブ・アクションのプログラムを合憲としたものと読んでいる。

Adarand の法廷意見は，多数意見を形成したバーガ（W. E. Burger）意見の，「人種や民族を理由とした区別に基づくどんな優遇措置も，それが憲法の保障と矛盾しないことを確認するために，最も厳しい審査をうける必要がある」という文言を引用してから[31]，バーガ意見はホワイト（B. R. White），パウエルの両裁判官と共に，Bakke 事件で主張されている厳格審査も中間審査も用いず，立法の目的が議会の権限の範囲内であるか[32]，そして，優遇措置が議会の目的を達成するために憲法的に許容できる手段であるか，という2段階のテストを課して，10％留保制度を合憲としたことを紹介している[33]。Adarand の法廷意見は，さらに，バーガ意見が，この制度は Bakke 事件で採用されたどんな審査（つまり，パウエル裁判官の主張した厳格審査を含む）に照らしても合憲であろう，と付け加えている[34]こと，また，パウエル裁判官が多数意見は本質的に厳格審査を適用したものである，という個別意見を独自に付加している[35]ことを指摘している[36]。

反対意見を書いたスチュアート（P. Stewart）裁判官が，レーンクイスト裁判官の同意を得て，人種を理由とした区別を用いる場合，連邦にも州と同じ厳しい基準を適用すべきであり，本件では，プログラムはこの基準を満たしていないとしたことも，挙げられている。

---

27) 515 U. S. at 218 (quoting Bakke, 438 U. S. at 289-290).
28) Id. (quoting Bakke, 438 U. S. at 291).
29) Id. at 218-219.
30) Fullilove, 448 U. S. 448.
31) 515 U. S. at 219 (quoting Fullilove, 448 U. S. at 491).
32) 問題になった議会権限とは，修正1条の通商条項を基礎とした支出権限であった。
33) 515 U. S. at 219.
34) 448 U. S. at 491-492.
35) Id. at 495, 496 (Powell, J., concurring).
36) 515 U. S. at 219.

やはり反対意見を書いたスティーブンス裁判官は,「人種に基づく区別は, 単純にあまりにも有害であって, 正当化理由と区別のもっとも正確な関連によってしか許容されない」と述べ[37], 当該事件の優遇措置のプログラムが充分に狭く限られていないとして, 違憲を主張したことも示されている[38]。

最後に, マーシャル (T. Marshall), ブレナン (W. J. Brennan, jr.), ブラックマン (H. A. Blackmun) の3裁判官が, 同意意見を書き, 中間審査の適用を主張していたことが述べられている[39]。

次に取り上げられているのは, やはり法廷意見のなかった, *Wygant* 判決 (1986)[40] である。この事件では修正14条のもとで, 学校教師をレイ・オフする際に人種による優遇措置を採用する労使の合意の合憲性が争われた。

パウエル裁判官による4人の多数意見は, マイノリティに対する過去の差別を治癒しようとする意図は, 適用される合憲基準に影響しないとして, 厳格審査を適用したが[41], *Adarand* 判決の法廷意見は, 以下のような部分を引用している。「審査のレベルは, 問題になっている区別が, 単に, 歴史的に, 政府による差別を受けなかったグループに対して働くからといって, 異なることはない」[42]。

そして, *Adarand* 判決の法廷意見は, パウエル裁判官が, レイ・オフ条項が, 政府の非常に重要な利益に仕えるか, そして, 目的の達成のために採用された手段が, 狭く限られているかという2段階のテストを採用していることを指摘し[43], この事件での, オコナ裁判官の, 結果と法廷意見の一部に対する同意意見の表現を引いて, 「どのような人種に基づく区別も, 厳格審査に服さなくてはならない」のだ, と, パウエル法廷意見の趣旨を説明している[44]。多数意見は, この事件では, 結局, 社会的差別を是正するためのロール・モデルを提供するとする学校側の意図は厳格審査を満たす, 非常に重要な目的とは考えられない, とし, 当該優遇措置を違憲とした。

Adarand 判決の法廷意見は, 最後に, ホワイト裁判官が独自の衡量を行って, 結果に同意していること[45], 反対意見を述べた4人の裁判官のうち, マーシャル, ブ

---

37) Id. at 219-220 (quoting Fullilove, 448 U. S. at 537 (Stevens, J., disentting)).
38) 515 U. S. at 220 (quoting Fullilove, 448 U. S at 541 (Stevens, J., disentting)).
39) Id. at 220.
40) Wygant v. Jackson, 476 U. S. 267 (1986).
41) Id. at 273.
42) 515 U. S. at 220 (quoting Wygnant, 476 U. S. at 273).
43) Id. (quoting Wygnant, 476 U. S. at 274).
44) Id. (quoting Wygnant, 476 U. S. at 285).
45) Id. (quoting Wygnant, 476 U. S. at 295).

レナン，ブラックマンの3人が，再び中間審査の適用を主張したことを，簡単に紹介している[46]。

Adarand の法廷意見は，*Bakke*, *Fullilove*, *Wygant* 判決が多数意見の形成に失敗し，救済目的の人種を理由とした異なった取り扱いにどの審査基準を適用するのかという問題を解決できなかったため，労働組合によるマイノリティーに対する差別が問題になった *Sheetmetal Workers v. EEOC* (1986)[47]，雇用差別是正の裁判所命令が争われた *U. S. v. Paradise* (1987)[48]，および，下級審判決[49]における混乱を招いたと述べる[50]。

そして，この問題は，少なくとも部分的に，1989年の *City of Richmond v. J. A. Croson Co.*[51]において解決されたとしている[52]。

Croson 判決はリッチモンド市の契約の30%をマイノリティーによって所有されている業者に留保するという条例が争われた。

Adarand の法廷意見によれば，*Croson* 判決の法廷意見は，修正14条の平等保護条項のもとでの合憲性基準は特定の区別によってどの人種が不利益を受けたり利益を受けたりするかにかかわりなく，厳格審査である，とした[53]。多数数意見は，州や地方公共団体はその管轄内での私的差別の影響を根絶する権限を有するとしている[54]。しかし，本件で市の用いた区別については，州や地方自治体はその立法の管轄内で私的差別を解決する権限を有するが[55]，*Croson* の法廷意見は当該事件では救済が必要であったという強い証拠がなかったとしている[56]。また，手段の点でも，

---

46) *Id.* (citing Wygnant, 476 U. S. at 301-302).
47) Sheet Metal Workers v. EEOC, 478 U. S. 421 (1986).
48) U. S. v. Paradise, 480 U. S. 149 (1987).
49) 515 U. S. at 221, citing South Florida Chapter of Associated General Contructors of America, Inc. v. Metropolitan Dade County, Fla., 723 F. 2d 846 (cert denied, 469 U. S. 871) (1984), Kromnick v. School Dist. of Philadelphia, 739 F. 2d. 894 (CA3 1984, cert denied, 469 U. S. 1107), Williams v. New Orleans, 729 F. 2d. 1554 (CA5, 1984).
50) 515 U. S. at 221.
51) City of Richmond v. J. A. Croson Co., 488 U. S. 469 (1989).
52) 515 U. S. at 221.
53) *Id.* at 222, citing Croson, 488 U. S. at 493-494 (opinion by O'Connor, J., joined by Rehnquist, C. J., White and Kennedy, JJ.), *id.*, at 520 (Scalia, J., concurring in judgement) (1989).
54) *Id.*, quoting Croson, 488 U. S. at 493-498.
55) *Id.*, quoting Croson, 488 U. S. at 491-492 (opinion by O'Connor, J., joined by Rehnquist, Ch. J., and White, J).

過去の差別を救済するために充分に狭く限られたものではなかったとして，当該プログラムを違憲としている[57]。

Adarand の法廷意見は，「*Croson* 判決において，最高裁は，とうとう，修正14条が，州と地方自治体の人種に基づいた行為には，厳格審査を要求するという事に合意した」[58]とする。ただし，*Croson* 判決は，修正5条のもとでの，連邦政府による，人種に基づく行為には，どのような審査基準が適用されるのかを宣言する機会はなかったとされている。*Croson* 判決は，最高裁の，*Fullilove* 事件における，連邦議会の権限行使に関する見解は，*Croson* 事件の事実が修正5条のもとでの議会のより広い権限を含むようなものではなかったため，*Croson* 事件には適用がない，として，*Fullilove* 事件と *Croson* 事件を区別している，とされる[59]。

Adarand の法廷意見は，しかし，一方では，最高裁は連邦による人種を理由とした立法を合憲とした判決が差し戻された際に，*Croson* 判決の法理に照らして事件を再審理するよう示唆し，連邦によるアファーマティブ・アクションの合憲性も何らかの態様で *Croson* 判決の法理に影響されると解していたと指摘している[60]。そのため，連邦政府が，人種を理由とした区別を用いた場合に適用される審査基準については，幾分の不確かさが，引き続いてあったというのである[61]。

Adarand 判決には，下級審での，連邦議会の立法によるアファーマティブ・アクションの合憲性解釈の基準に *Croson* 判決を参照した例が示されている[62]。

Adarand 判決は，こうした不確かさにもかかわらず，最高裁の，*Croson* 判決に至る先例はアファーマティブ・アクションについて，3つの一般的な立場を確立した，とする[63]。1つは，懐疑主義（skepticism）から，人種や民族を理由とした区別には最もきびしい審査基準が適用されるということ[64]，2つ目に，統一性（consistency）の見地から，平等条項のもとでの審査基準は，ある区別から負担を課されたり，利

---

56) *Id.* quoting Croson, 488 U.S. at 500.
57) *Id.* quoting Croson, 488 U.S. at 508.
58) *Id.*
59) *Id.* citing and quoting Richmond v. J.A. Croson Co., 488 US 469, 491, 522 (1989).
60) *Id.* at 222-223, citing H.K. Porter Co. v. Metropolitan Dade County, 486 U.S. 1062 (1989). (連邦法による公共事業の5％取り置き制が問題になっていた。第11巡回区連邦控訴裁判所が厳格審査を採用してこのプログラムを合憲とし，最高裁が控訴審に差し戻した)。
61) *Id.* at 223.
62) 515 U.S. at 223.
63) *Id.*

益を得たりする人種がどの人種であるかに関わらないこと[65]。3つ目は，（基準の）調和（congruence）の見地から，修正5条のもとでの合憲性審査は14条のもとでの合憲性審査とおなじであること[66]，である。最高裁はその結論として以下のように述べている。「すべての者は，どのような人種であれ，憲法に服する全ての政府機関（governmental actor）が，その者を不平等な取り扱いに服させるすべての人種に基づく区別を，厳格審査のもとで正当化するよう要求する権利がある」[67]。最高裁はこの結論にさらに付記して，Bakke判決のパウエル意見の，次のような部分を引用している。「もし，個人が，あるグループに属しているというよりは，その様な区別が個人の権利を侵害するという理由で，人種や民族的背景に基づく区別に対する司法による保護を与えられているなら，憲法的な基準は，統一的に適用されるであろう。特定の区別の政治的必要性に関する判断は憲法的バランスの中で判断されるであろうが，正当化の基準は同一であり続ける。これは，それらの政治的判断が，民主主義過程での対抗するグループによって行われたおおまかな妥協の産物であるからには，当然である。それら（の区別）が個人の人種や民族的背景に触れた場合には，個人は，彼がそれに基づいて負うように求められた負担が，政府の非常に重要な利益に仕えるよう，正しく限られているかどうかについての司法判断を受ける機会を与えられる。憲法はその権利を，個人の背景にかかわりなく，すべての者に認めている」[68]。

ところが，最高裁は，1年後，「驚くべき転換」を果たした，とAdarandの法廷意見はいう[69]。Metro Broadcasting Inc. v. FCC (1990)[70]では，放送行政における人種的多様性を確保するための連邦放送委員会の優遇政策が問題とされたが，最高裁は「同じ憲法が，連邦政府に（州に課せられたのと比べて）より軽い義務を課しているとは考えられない」という長く信じられた考え方を覆し[71]，中間審査を適用

---

64) Id., citing Wygant, 476 U. S. at 273, citing and quoting Fullilove, 448 U. S. at 491, 523, McLaughlin V. Florida, 379 U. S. 184, 192 (1964), Hirabayashi v. U. S., 320 U. S. 81, 100 (1943).
65) 515 U. S. at 224, citing Croson, 448 U. S. at 494, 520, Bakke, 438 U. S. at 289-290.
66) 515 U. S. at 224, citing Buckley, 424 U. S. at 93, Weinberger, 420 U. S. at 638, Bolling, 347 U. S. 347 U. S. at 500.
67) 515 U. S. at 224.
68) Id., quoting Bakke, 438 U. S. at 299.
69) Id., at 225.
70) Metro Broadcasting Inc. v. FCC, 497 U. S. 547 (1990).
71) 515 U. S. at 225, quoting Bolling, 347 U. S. at 500.

して合憲判決を下したとされている[72]。連邦による良性の (benign) 連邦の人種を理由とした区別は，たとえ政府による，または社会的な過去の差別の被害者の救済を目的としなくても，中間審査の基準を満たしさえすれば合憲であるとしたのである[73]。Adarand の法廷意見は，Metro Broadcasting の法廷意見が「『立法案とその沿革』を吟味することで，良性の手段とその他の型の，人種を理由とした区別を区別できるという自信」を表明しただけで，どうやって人種を理由とした区別が合憲か良性かどうかを見分けるかを説明していないと批判している[74]。

Adarand 判決の法廷意見によれば，Metro Broadcasting では，最高裁は，連邦放送委員会の政策は，過去の差別に対する救済に仕えるものではないことをまず注記している。しかし，それらの政策が良性のものであることを前提に，政策が，「放送における人種的多様性を促進する」，という重要な政府利益に仕え，その目的に「実質的に関連している」と結論づけ，放送委員会の政策を合憲とした[75]。

Adarand の法廷意見によれば，連邦議会によって行われた「良性」の区別に対する合憲性基準として，中間審査を採用したことで，この判決は，先例によって引き出される，一般的立場から，2つの点において乖離する。

1つは Croson 判決の示した厳格審査の重要性という点において，すなわち，厳格審査なしでは何が良性のものなのか，あるいは救済なのか，違法な人種的劣等の考え方に基づいた区別なのかを決定するすべがないという点においてである。Adarand の法廷意見は，厳格審査は不法な人種による異なった取り扱いを2段階の審査でいぶり出す (smoke out) ものであり，政府が人種を理由とする区別を用いるには，よい動機以上のものが要求される，と述べて良性の人種を理由とする区別であることを理由に中間審査を適用することを否定している[76]。

第2点は，連邦と州に適用される合憲性基準の調和という点である。この統一性を欠くことで，Metro Broadcasting 判決は，同時にすべての人種を理由とした異なった取り扱いと，どの人種が負担あるいは利益を負ったかということに関わらない取り扱いの統一性を同時に傷つけるものであると，法廷意見は批判する[77]。Metro Broadcasting 判決は，連邦政府による「良性」のプログラムを，ほかのプログラム

---

72) Id.
73) Id.
74) Id., quoting Metro Broadcasting, 497 U. S. at 564.
75) 515 U. S. at 225-226 quoting Metro Broadcasting, 497 U. S. at 556-557, 559.
76) 515 U. S. at 226.
77) Id. at 226-227.

より疑いの少ないものとして取り扱い，利益を負ったグループの人種が何であるかが，どの審査基準が採用されるかを決することになる点で，先例から逸脱する，と，されている[78]。

　Adarand の法廷意見は，*Metro Broadcasting* 判決が傷つけた，これら3つの前提は，すべて，修正第5条，修正第14条が，ともに，グループでなく個人の権利を守るものであるという基本的な原理からきている，とする[79]。この原理から，「ほとんどの状況で無関係であり，従って禁止されている」，と，長く認識されてきたグループによる区別である。人種に基づくすべての政府行為は，個人の権利に対する法の平等な保護が侵害されないことを確保するために，詳細な司法審査に服さなくてはならないということが導き出される[80]。これらの考えは，最高裁の平等保護に対する理解の核心であり，「良性の」州や連邦の区別に，異なった基準を適用するという考え方は，これにそぐわない，と，*Adarand* の法廷意見はいう[81]。*Adarand* 判決の法廷意見は，連邦であれ，州であれ，地方公共団体であれが用いた人種にもとづく区別のすべての合憲性が，厳格審査のもとで審査されなくてはならないとし，この判決に矛盾する範囲で *Metro Broadcasting* 判決を覆すことを宣言した[82]。

　Adarand の法廷意見はこれに加え，統一的な審査の適用を肯定しながらも，法廷意見は人種差別と良性のプログラムを同一視すると批判したスティーブンス裁判官の反対意見に答える形で，厳格審査の基本的な目的は，そうした違いを取り入れることで，人種を理由とした区別を正当化する政府利益や，人種的区別が必要とされるという証拠を厳しく審査し，政府の政策決定における正当な人種にもとづく区別の利用と，正当でない人種にもとづく区別の利用を区別することを目的とするとしているし，厳格審査は異なった人種にもとづく決定を，違憲なものとして扱おうとするのでなく，すべての，人種にもとづく政府の判断を注意深く審査し，違憲であるか，合憲であるかを見分けようとするものである，という。厳格審査は，めったに不利益な取り扱いの基礎として正当化されない，政府による人種にもとづく区別の利用の正当性を，不平等な扱いを許す前に，裁判所が確認することを要求するものだというのである[83]。また，*Adarand* の法廷意見は，法廷意見の意図する統一性

---

78) *Id.* at 227.
79) *Id.*
80) *Id.*, quoting Hirabayashi, 320 U.S. at 100.
81) *Id.* at 227.
82) *Id.*
83) *Id.* at 228.

とは，政府が人種を理由とした異なった取り扱いをした場合にはいつも，その者は憲法による平等保護の文言と精神の意図する不利益を負った，ということであり，厳格審査の適用は，政府の非常に重要な利益がその不利益を正当化するかどうかを審査すると説明している[84]。また，スティーブンス裁判官の，州と連邦議会の差を無視しているという批判については，連邦議会に非常に重要な政府利益を促進するために必要な場合にのみ，人種にもとづく区別を用いた立法を為すことを要求することは，対等の政府機関である連邦議会の尊重という原則に反することにはならないとしている[85]。

2 一部多数意見

Adarand 判決の法廷意見は *Croson* 判決に従い，アファーマティブ・アクションにも他の人種差別と同じく厳格審査を適用することを宣言した。しかし，この判決の法廷意見は，オコナ裁判官の執筆で，レーンクイスト，ケネディ，トマスの3裁判官に加え，スカリア裁判官が，先例拘束性の原則に関する部分（Ⅲ-C）と，その他，独自の一部同意結果同意意見に矛盾する部分以外の部分に同調した，結果について5対4の判決である。

先例拘束性の原則に関する部分（Ⅲ-C）[86]は，いかに最近の判例であっても，*Metro Broadcasting* 判決は，新しい判例が，すでに確立していた原理に違反した例で，採ることができないとしていた。

オコナ裁判官が執筆した意見の中で，後に紹介するスカリア裁判官の個別意見に矛盾する，Ⅲ-D の一部分は，スカリア裁判官の同調がないと考えられる。

---

84) *Id.* at 229-230. *See,* Rubenfeld, *supra* note 58. Rubenfeld は厳格審査が，ほかの審査基準も同じく，手段の検討も含めて，政府の，歴史的に虐げられてきた人種を抑圧するなどの不法な目的をいぶり出すためのものであり，法廷意見がここで述べているようなコストと便益（cost-benefit）の分析を為すものではないと批判する。修正14条は抑圧を受けているグループに属する個人を保護する方向性をもっているし，そもそも各審査基準は，その法によって誰かが意図せぬ不利益を被ることを視野に入れないからである。彼の見解によれば，歴史的に虐げられてきた人種を救済するのが目的であるアファーマティブ・アクションは，そもそも厳格審査の適用を受けない（一見明白に正当，あるいは不当な目的には審査基準をわざわざ適用する必要がない。*Brown* 判決が例として挙がっている）。*See also,* Larry Alexander, *Affirmative Action and Legislative Purpose,* 107 YALE L. J. 2679 (1998), Jed Rubenfeld, *The Purpose of Purpose Analysis,* 107 YALE L. J. 2685 (1998). (Rubenfeld の論文に対する批判と回答)
85) 515 U. S. at 230-231.
86) *Id.* at 229-235.

Ⅲ-D 部分は法廷意見を説明して，連邦による人種を理由とした区別は州によるものと同じく厳格審査に服すると結論づけ，厳格審査を要求することが裁判所が人種による異なった取り扱いに絶えず詳細な吟味を加えることを保障する最良の方法だとし，厳格審査によってさえ不法な人種による理由付けを排除し得なかった *Korematsu* 事件[87]を例に，どんな厳格審査からの逸脱もそうした誤りが起こる機会を増加させるだけだとした[88]。

しかしながらⅢ-D 部分は，厳格審査は理論上は厳格であるが，実のところ一旦厳格審査が適用されると法律の合憲性には致命的である，すなわち，一旦厳格審査が適用されると，合憲の判決が下されることはまずないという理解を否定し，政府が「アメリカの不幸な現実である人種差別の継続する実務と長引く（lingering）効果」を解消するために行動をすることは禁じられていない，と述べたのである[89]。その例としてアラバマ公安局が行った「広範，構造的，かつ執拗な差別が，狭く限られた人種に基づく救済」[90]を正当化するとした *Paradise* 事件が挙がっている。

❸ 個別意見

先に述べたように，結果について5対4の判決であり，しかもⅢ-D のスカリア裁判官の同調のない部分は，アファーマティブ・アクションへの厳格審査の適用について，適用されたが最後，まず，合憲の判断が下されることはないという，一般的な厳格審査の理解とは違って，アファーマティブ・アクションが厳格審査を通過し，合憲とされる可能性を示唆している。従って，最高裁全体の趨勢を見極めるには，付されている2つの同意意見，および3つの反対意見のすべてを含めて考察することが必要になる。スカリアとトマスのそれぞれの同意意見，スティーブンス，スータ，ギンズバーグによる3つの反対意見を紹介する。

①**スカリア同意意見**　スカリア同意意見はアファーマティブ・アクションは決し

---

87) 323 U. S. at 223.
88) Adarand, 515 U. S. at 236.
89) *Id.* at 237.
90) *Id.* at 237, quoting Paradise, 480 U.S. 149, 167. 但し，すべての裁判官が同意したのは，*Paradise* 事件の雇用差別の救済が厳格審査のもとで非常に重要な利益と認定されるという点だけで，手段についてはオコナ，レーンクイスト，スカリアの3裁判官が割当制を含む地裁の救済措置を充分に狭く限られていないとして反対意見を述べ，ホワイト裁判官もこの点に同意している。従って，どのような手段が厳格審査を満たすに足るのかの示唆は *Paradise* 判決からは得られない。

て政府の非常に重要な (compelling) 利益とはなりえないと明言している[91]。その意見の基礎は，違法な人種差別によって被害を被った個人は救済されるべきだが，憲法のもとでは「貸し方」と「借り方」の人種という観念は存在せず，こうした人種の優越 (entitlement) の追求が，はじめはどのように良性な目的であれ，将来，人種による奴隷制，人種的特権や人種に基づく憎悪を生み出す誤りにつながるのだという，憲法をあくまで個人の自由を保障するものだと考える立場である[92]。従ってスカリア裁判官は当該事件の差戻審で合憲判決が下されることは，「もし不可能でないとしたら，ありそうもない」としながら，その決定を差戻審裁判所に委ねているのである[93]。

②トマス同意意見 　トマス裁判官の同意意見は，スティーブンス裁判官とギンズバーグ裁判官の意見に対し，ある人種に不利益を負わせる法律と優遇する法律には道徳的同一性があり，政府は法の下で平等に人を扱うことはできるが，人を平等にすることはできないと述べ，たとえよい意図に基づくにしろ，アファーマティブ・アクションが人種差別とおなじく憲法の原則に反することを，人は生まれながらに平等である，という独立宣言の文言を引いて，主張している。人種による区別は抑圧の原動力となり，社会的な平等を促進しようとする救済的な優遇措置でさえ，マイノリティーに劣っているという烙印 (budge of inferiority) を押し，あたかも優遇措置が当然与えられているというような態度を身につけさせるかもしれない，というものである[94]。

③スティーブンス反対意見 　微妙な含みのある法廷意見に対し，スティーブンス裁判官執筆の，ギンズバーグ裁判官が参加した反対意見がどう議論しているかみてみよう[95]。スティーブンス裁判官は法廷意見が原則であるとした人種を理由とした異なった取り扱いへの「疑い」，「一貫性」，連邦と州に適用される合憲性基準の「調和」のそれぞれについてコメントしたのち，所論を述べるという形をとっている。
　スティーブンス裁判官は（人種を理由とした異なった取り扱いへの）疑いから，

---

91) Adarand, 515 U.S. at 239.
92) *Id.* スティーブンス裁判官はこの点に関しては上訴人である白人所有の会社 Adarand はこの議論を提示する standing をもたない，と一蹴している。*Id.* at 249 n.5.
93) *Id.*
94) Id. at 240.
95) *Id.* at 242 (Stevens, J. dissenting).

すべての人種を理由とした取り扱いについて一律の基準を適用するという議論については全く重きを置かずに一貫性と（連邦と州に適用される合憲性基準の）調和に関する議論に移っている。一律の基準の適用は，必ずしも個別のケースがどう解決されるべきかということへの答えとはならない，というのがその理由である[96]。

　基準の一貫性について，スティーブンス裁判官は人種による階級制を永続させる政策と，人種差別を根絶する政策は，道徳的に全く同じものではないと主張する。政府が公平に支配するという概念のもとでも，この区別は無視されてはならないというのである。

　この部分に付されている脚注1[97]で，スティーブンス裁判官はのちに述べるギンズバーグ裁判官の，法廷意見の厳格審査に対する「柔軟な」解釈が，この区別を取り入れる意図のものかもしれないという意見を支持し，本判決の法廷意見の執筆者であるオコナ裁判官が *Missouri v. Jenkins* (1995)[98]において述べた「再三にわたって，我々は立法者が人種的不公正と戦う広い権限を認めてきた……我々が違憲の人種差別と，立法者が過去の人種差別の影響を正すという政府の非常に重要な利益を促進するために法律を制定することのできる，狭く限られた救済プログラムを区別することができるのは厳格審査を適用することによってである」という同意意見を引き，政府の行為者の意図やプログラムの影響がそのプログラムの合憲性に影響すると指摘している。ただ，スティーブンス裁判官は多数意見が通常の理解では一旦適用されればどんなプログラムも違憲とされる厳格審査というラベルを，こうした，「良性の」プログラムに適用される審査に張ることを危惧する。スティーブンス裁判官は本判決で，多数意見はアファーマティブ・アクションにはなにか通常の厳格審査より緩やかな審査基準を用いると宣言したと解釈した。スティーブンス裁判官はアファーマティブ・アクションに対して人種差別に適用されるのよりも緩やかな基準が適用されることには反対していないが，その基準を表現するために多数意見が用いた厳格審査という致命的な表現がその解釈をねじ曲げ，うまく作りあげられたアファーマティブ・アクションのプログラムが違憲とされる結果を招くことを恐れるのである[99]。

　スティーブンス裁判官はアファーマティブ・アクションの概念が一般的によく理解されていることを挙げ，その文言が日常的であることは意図の善し悪しが民衆に

---

96) *Id.*
97) *Id.* at 243, n1.
98) Missouri v. Jenkins, 515 U. S. 70, 112 (1995).
99) Adarand, 515 U. S. at 243, n1.

よく理解されているとを示していると主張する。区別が難しいケースはあるだろうが，過去の判決は人種差別的プログラムとアファーマティブ・アクションを区別し得たというのである[100]。

そして，異なった取り扱いの目的の相違を考慮に入れる限り，統一的な合憲性基準を適用することに何ら問題はないと考える。「例えば裁判所が有利，あるいは不利な取り扱いを受けた階級のメンバーの性格が，異なった取り扱いの正当な基礎となると常に考えるなら，そのような基準はただ1つの平等保護条項（の解釈）を認めながら異なった事件を異なったように扱うものである」[101]と考えるのである[102]。

次にスティーブンス裁判官は（連邦と州に適用される合憲性基準の）調和という点に関し，修正14条の平等保護条項が州による差別を禁止しているのに対し，修正14条5項が明示的に連邦議会に州による差別に対抗して必要な措置をとる権限を与えていることを決定的な差異と見て，連邦による過去の差別を是正する立法にはより緩やかな合憲性審査を適用すべきであると考える[103]。裁判所によるこうした連邦議会の立法に対する分析は，Metro Broadcasting で引かれた Fullilove 事件からの引用によれば，「……憲法によって『合衆国の公共の福祉を提供し』修正14条の平等保護の保障を『適当な立法によって執行する』権限を与えられた対等の機関である連邦議会に対するふさわしい違いをもって臨まなくてはならない」，というものである[104]。具体的には，スティーブンス裁判官はこれを，州や地方公共団体のプログラムがその制定に参加していない非住民にも影響を与える可能性があるのに対し，連邦の優遇措置立法は，全国家的な選ばれた代表者の意思である，と説明している。個々の州には許容されないが，「選択的な連邦の立法を正当化する，他のすべてに優先する国益が存在する可能性がある」というのである[105]。法廷意見は（連邦と州に適用される合憲性基準の）調和という見解を示したことで，修正5条のもとでの平等保護と修正14条の平等保護が同一の保障を与えるとすることのみで満足し，修正14条5項からくる州と連邦議会の憲法的な権限の差異を無視した

---

100) Id. at 245.
101) Id. at 246.
102) この点に関する先例として，単なる差別的効果と差別を分けるのは，差別的な意図があるかどうかであるとした Washington v. Davis, 426 U.S. 229 (1976) が引かれている。
103) Id. at 254.
104) Id. at 250, quoting Fullilove, 448 U.S. at 472, 491, 510, 515-516 n. 14, 517-520, quoted in Metro Broadcasting, 497 U.S. at 563.
105) Adarand, 515 U.S. at 253 n. 8.

というのである[106]。

　スティーブンス裁判官は連邦議会のアファーマティブ・アクションのプログラムと州のそれが区別されるべきであるという見解に立ち，州のアファーマティブ・アクション・プログラムに関する *Croson* 判決でなく，連邦議会によるアファーマティブ・アクションの先例である *Fullilove* 判決およびそれを踏襲した *Metro Broadcasting* 判決に従い，本件を決するべきであったとする[107]。

　スティーブンス裁判官は，また，*Metro Broadcasting* 事件は，単に中間審査を満たすことのみによって，アファーマティブ・アクション・プログラムを合憲としたものではなく，厳格審査を含むどのような審査基準によっても，合憲とされ得た，とする。スティーブンス裁判官によれば，*Metro Broadcasting* 事件では放送における人種的多様性を確保することで過去の差別に対する救済を為すだけでなく将来の利益を達成されることが目的とされ，合憲とされた。スティーブンス裁判官は，*Metro Broadcasting* 判決は人種的多様性という利益が人種に基づく区別の基礎として充分なものであるかどうかという問題に初めて，そして肯定的に答えた（法廷意見のある）先例であるとし，本判決の法廷意見は，連邦によるアファーマティブ・アクション・プログラムに中間審査でなく厳格審査が適用されるという点でのみ *Metro Broadcasting* を覆したに過ぎない，と念を押している[108]。

　スティーブンス裁判官は但し，厳格審査を適用してアファーマティブ・アクションの合憲性を支持したものとして法廷意見が先例として採用した *Fullilove* 事件の扱いについては不同意を表している。法廷意見は判例の統一性の見地から，*Fullilove* 判決が連邦による人種に基づいた区別をやや緩やかな基準で審査すると示唆したととられるならその点については将来にわたって覆すとしている[109]。この点についてスティーブンス裁判官は，*Fullilove* 事件の解決に同意しない見解はかわらないが，*Fullilove* 事件が *Metro Broadcasting* 事件と同じく新しく困難な問題を解決したことに何ら疑問を差し挟むものではないとし，類似した当該事件で異なった解答を為したことは単にそれ以前に *Fullilove* 事件を含む先例によって定着していた法を復活させると言えるものではない，つまり判例変更を行ったのであると指摘して，それに伴う *Fullilove* 事件に対する最高裁の取り扱いの矛盾あるいは解釈の（一部）変更を指摘している[110]。

---

106) *Id.* at 254.
107) *Id.* at 257.
108) *Id.* at 257-258.
109) *Id.* at 235.

最後の論点は *Adarand* 判決で連邦が採った手段が厳格審査（あるいは他の審査基準）を通過するように充分狭く限られているかという点である。スティーブンス裁判官は当該判決で問題になったアファーマティブ・アクションのプログラムは *Fulliove* 事件で合憲とされたものよりずっと精緻に構成されているとする。*Fullilove* 事件では，1977年公共事業雇用法に含まれた，全雇用の10%をマイノリティーのためにとっておくという，連邦政府が行った優遇措置が問題になった。これに対して *Adarand* 事件で問題になったのは，人種をプログラム参加のための唯一の資格にするのでなく，人種が，覆すことの可能な経済的社会的不利益を負っているという推定を与えるものであり，しかも小さな事業者は経済的社会的不利益を負っていることを示すことでプログラムに参加することができる。従って *Adarand* 事件で問題になったプログラムの方が人種を必要な参加資格としないことでより包括的（inclusive）だというのである[111]。

　さらに，プログラム参加のためには人種だけが必要な資格なのではないことが論じられている。ある人種グループに属することで与えられる社会的不利益の推定は人種差別とそれに伴う効果が未だ存在するという不幸な現実を反映したものであるが，現在の優遇措置はしばしば人種に結びついた社会経済的不利益を克服するためのものである。そして，個々のケースで，不利益が存在しなければ，推定を覆すことができる。つまり，*Adarand* 判決におけるプログラムは「人種が関連しているという意味のある基礎がある場合だけ，人種が決定の過程で役割を果たすようデザインされている」[112]，というのである。

　このような考え方と関連して，スティーブンス裁判官は *Fullilove* 事件で問題になった1977年公共事業雇用法が，社会的関係が無関係であるべき経済の分野で，適当な公共事業に関わる政府の公務員の監督によって特定の入札者に対する人種に基づくどんな差別も排除されてしかるべき分野である公共事業をどの事業者に任せるかだけに適用され（すでに一定のセーフガードが働いているとみられる分野に適用され）るのに対し，*Adarand* で採用されたプログラムが私的な事業者の間での請負契約の交渉に適用され，私人間の障害や偏見を克服することを目的とし，新しく事業分野に進出するマイノリティーの事業者に確立されたリーダーからの仕事を獲得させ，新規参入のマイノリティーが社会的関係を結びにくいという特定の問題を解決する将来を見据えた救済であることを重視している[113]。

110）*Id*. at 258.
111）*Id*. at 259.
112）*Id*. at 261.

また、将来を見据えた救済という点でスティーブンス裁判官が指摘するのは、Adarand事件で採用されたプログラムのもとでは定期的に不利益を負った事業者（DBE）の地位の見直しが行われるし[114]、不利益を負った事業者（DBE）の地位はいついかなる時でも競争者によって反論を受け[115]、このため、プログラムに参加資格のない事業者は、過去に不利益を受けていて、それ以来成功しているような場合にも、マイノリティーに所有されているというだけでプログラム参加をさせることがないように考慮されているということである。プログラムはマイノリティー所有の事業が優遇措置を受けて不利益を克服し、プログラムを「卒業」することを予定しており[116]、このプログラムはマイノリティー所有の事業を市場に参加させ競争力を増させることを意図したものであるとされている[117]。

また、Adarand事件のプログラムが、公共事業を請け負った業者になんらの要件（requirement）を課さないのも重要な点だとされている。Fullilove で問題になった1977年公共事業雇用法では10％の割り当てが為されていたが、そのような割り当ては当該プログラムにはなく、プログラムは不利益を負った事業者と請負契約するという一般の事業者の金銭的な関心を高めるとはいえ、不利益を負った事業者と契約することを要求するものではなく、不利益を負った業者を雇わなかったからといって、公共事業契約を失うわけではないというのである。したがって、割当制と人種を考慮の一要素とすることを区別するBakke判決のパウエル裁判官の多数意見[118]を先例とすれば、当該プログラムがFullilove事件で合憲とされたものよりより狭く限られており合憲である、というのである[119]。

最後に、議会がAdarand事件で採用されたプログラムのために、数期に及んで議論を繰り返したことが指摘され、先に論じられた修正14条5項によって与えられた議会の権限を重視する考え方から、ほとんど議論が行われなかった1977年公共事業雇用法と対比して、議会の政策的選択を重視する要求がこのプログラムに対してはるかに高い、とスティーブンス裁判官は主張している。そうしておいて、もし、1977年公共事業雇用法のとりおきプログラムが今日、法廷意見が採用した、パ

---

113) Id. at 260-262.
114) Id. at 262, citing 15 U.S.C. §§637 (a) (B)-(C) (1988ed., Supp. V); 13 CFR §124.602(a) (1995).
115) Id., citing 13 CFR §124.603 (1995), 49 CFR §23.69.
116) Id., citing 13 CFR §124.208 (1995) (removed on June 30, 1998).
117) Adarand, 515 U.S. at 262 (Stevens, J., dissenting).
118) Id. at 263, quoting Bakke, 438 U.S. at 319-320.
119) Adarand, 515 U.S. at 262-263.

ウエル裁判官の主張した厳格審査を満たし合憲なのなら，*Adarand* 判決で採用されたプログラムが合憲とされて当然だという結論が述べられている[120]。

④スータ反対意見　スータ反対意見には，ギンズバーグ裁判官とブライア裁判官が同調した。スータ裁判官はまず，*Adarand* 判決が下級審で問うた問題点は，立法にあたって議会が示した目的だけでは充分ではなく，実際に補償プログラムの詳細な目的を決めている運輸省[121]の一部門である中央連邦土地高速部門[122]が独自に，補償プログラムを正当化する個々の過去の差別を立証しなくてはならないという点のみであったという点を問題視する。Adarand は上告の時点で修正5条及び修正14条のもとで，当該法律の合憲性を審査するにあたって厳格審査よりも緩やかな基準を用いるべきでないことを付け加えているが，その問題を取り上げるべきではなく，*Fullilove* 事件をそのまま適用すれば当該法律は合憲で，上告人は *Fullilove* 判決が基礎とした（過去の人種差別とその効果の）事実的前提が消え失せたということをなんら特定していない，というのである[123]。

スータ裁判官は，先例拘束性の原則の見地から *Fullilove* 判決を適用して事件を解決すべきであったというが，*Fullilove* 事件に関するスータ裁判官の解釈によれば，*Fullilove* 事件は理論的統一性を反映しなかったが，数個の意見は建築業界における差別がその残存する効果と共に政府の渋々の同意（acquiescence）を前提とし，それが修正14条5項の議会権限に基づく何らかの優遇措置によって現されうるという共通の理解を生み出した，とする。*Fullilove* 事件が本件に適用されたとすれば，*Fullilove* 事件で問題になったプログラムより狭く限られた手段を用いた本件は，修正5条のデュー・プロセス条項と修正14条の平等保護条項のもとで合憲とされなくてはならない，というのである[124]。

しかし，法廷意見は本件を厳格審査を適用するとして差戻審に付したので，当事者は政府の救済理論についての正当化事由について，つまり，過去の差別の現在の影響に関する事実，優遇措置による救済の必要性，本件の優遇措置の妥当性の3点について，新たに事実を提出しなくてはならない。しかし，事実が変化したという証明によって合憲の判決が下りない可能性はさておいて，*Fullilove* の基準のもとで，

---

120) *Id*. at 263-264.
121) The United States Department of Transportation (DOT).
122) The Central Federal Lands and Highway Division.
123) Adarand, 515 U.S. at 264-265.
124) *Id*. at 266-267.

本件の補償プログラムが違憲とされるかというと，そうではない，とスータ裁判官は述べる[125]。

実のところ，Fullilove 判決のバーガ長官の多数意見は，採用した基準になんらラベルを付さなかった。Metro Broadcasting 事件はのちに，これがいわゆる厳格審査よりはゆるやかな基準だとしたが，厳格審査がすべての人種を理由とした区別に適用されなければならないとしたのはパウエル裁判官の同意意見だけである，とスータ裁判官は指摘する。パウエル同意意見はバーガ多数意見を実質的にパウエル同意意見と同旨のものとみなしているが，バーガ裁判官のカテゴリーを設けない分析方法は，厳格審査よりも緩やかだと解するよりは，平等条項のもとで合憲性が問われた場合には，常に正当化事由と発生する害悪の衡量をなす，単一の合理性の基準しかもたない3つの車輪の審査基準と考えるべきであるというのがスータ裁判官の解釈である。本件の法廷意見は厳格審査をパスする人種を理由とした区別がありうる，とする点で，平等権の概念が，基準のカテゴリーより，より弾力的なものであるということを示した，とスータ裁判官はいう[126]。

スータ裁判官はさらに，修正14条5項の議会権限に関する解釈についても，法廷意見がどれほどの変更を加えたかという点を検討するのは無為である，とする。法廷意見は Croson 判決においては Fullilove の判決は Croson 判決の事実が修正14条5項の議会権限に関連するものではなかったため，決定的なものではないとしたことを注記したのみであり[127]，法廷意見の内部に見解の相違があったことも示唆されているためである[128]。したがって，修正14条5項のもとでの議会権限は変わらず厳格審査を満たしうる連邦政府の重要な利益の源である，とスータ裁判官は考える[129]。

スータ反対意見の結論は，パウエル裁判官の援用した厳格審査というラベルを使うにしても，救済目的の人種を理由とした優遇措置が合理的か否かの合憲性基準が Fullilove の多数意見と引き比べて変化したわけではない，というものである[130]。

⑤ギンズバーグ反対意見　　スティーブンス反対意見は，ギンズバーグ裁判官の，

---

125) *Id.* at 267.
126) *Id.* at 267-268.
127) *Id.* at 222.
128) *Id.* at 230-231.
129) *Id.* at 269.
130) *Id.* at 271.

ブライア裁判官の同調を得た反対意見が，法廷意見の厳格審査が実はアファーマティブ・アクションと人種差別の区別を取り入れるものかもしれないという点で，その解釈に同意を示している[131]。

ギンズバーグ裁判官はスータ裁判官の意見に賛同し，*Adarand* 事件は単なる *Fullilove* 事件の法理の適用によって処理されるべきであったという見解と，アファーマティブ・アクションのプログラムを設置した政治部門を尊重するという理由から，裁判所は介入すべきでないと考えている。また，スティーブンス裁判官の修正14条5項の議論を支持し，人種差別を撤廃する憲法的な権威を負った連邦議会に対する裁判所の態度が州に対するものとは異なってしかるべきだという見解が示されている。しかし，ギンズバーグ裁判官の要点は，法廷意見（一部多数意見）と各反対意見にいかに大きな共通項があるかということである[132]。

法廷意見（一部多数意見）および反対意見は，マイノリティーに対して人種差別がいまだ行われ，その「長引く効果」がいまだ存在していることを認識している。スカリア同意意見のみが「政府の前に，我々は1つの人種（We are just one race），すなわちアメリカ人である」とするわけだが，ギンズバーグ反対意見はこの考え方はアメリカの歴史のほとんどの場面では採用されておらず，立法者はおろか裁判所でさえ人種差別を行ったことを，*Pressy v. Ferguson* 判決[133]を引いて思い出させている。

ギンズバーグ裁判官は，意見が割れているにもかかわらず，本判決において，多数の裁判官が人種的不平等が継続していることと，連邦議会が人種差別撤廃と人種差別の継続的効果を終わらせるため，アファーマティブ・アクションを行う権威を認識していることを指摘している。職場や市場，近隣で，もしくはマイノリティーの事業者に対する差別の効果は継続して存在しており，意識的な，あるいは無意識の偏見がいまだ障害となっていることはスカリア意見を除くすべての意見の前提となっており，こうした過去の歴史とその現実の帰結のもとで，連邦議会は注意深くデザインされたアファーマティブ・アクションによって，修正14条のもとでの平等保護を達成しようとすることができると認識されている，というのである[134]。

ギンズバーグ意見はこうした共通項を指摘した上で，この部分ではスカリア裁判官を除いた多数意見がすべての人種を理由とする異なった取り扱いに対して適用す

---

131) *Id.* at 243, n. 1.
132) *Id.* at 271（Ginsburg, J. dissenting）.
133) Pressy v. Ferguson, 163 U. S. 537（1896）.
134) Adarand, 515 U. S. at 273.

る基準に対し,「厳格審査」という文言を用いたものの,一方でそれが致命的なものではないと強く示唆していることをとりあげている。現在なら決して厳格審査をパスしそうでない *Korematsu* 事件がかつて厳格審査を通過したことを教訓として引きながらも,ギンズバーグ裁判官は,多数意見が人種差別とその効果を終わらせるための異なった取り扱いに関しては,厳格審査は致命的なものであるという観念を払拭したものであると考えている。厳格審査の目的は,政府の決定における,正当な人種(という区別)の使い方と正当でないものを区別し,許容される人種(という区別)の使い方とそうでないものを区別するためのものだというのである。さらには,厳格審査はアファーマティブ・アクションが「その他の者の機会をあまりに妨げないように,または過去に優遇されていた人種グループに属する者の正当な期待にあまりに干渉しないようにする」[135]ためのものでもあるとされている。つまり,多数意見の意図する厳格審査はプログラムが本当に善意のアファーマティブ・アクションで,かつ,プログラムが充分に狭く限られたものならば,通過する可能性は充分にあるとみるわけである[136]。

ギンズバーグ裁判官は本件のプログラムは合憲であると考えるが,「本判決は変化してゆく条件に合わせて,以後の判例の発展を許すものである」として,基本的に多数意見のバージョンの厳格審査の適用を是認している[137]。

4　*Adarand* 判決の意味したこと

Adarand 判決の大きな意義は,人種を理由とした区別が,政府によって用いられた場合には,行為者が州政府であれ,連邦政府であれ,また,政府の目的が,人種差別的なものであれ,アファーマティブ・アクションの実施であれ,一律に厳格審査を適用することを宣言し,人種を理由とする区別に関わる平等保護の分野で,理論的統一をなしたことである。

Croson 判決は,州政府が人種に基づく区別を使った場合,目的が人種差別的であれ,アファーマティブ・アクションの実施であれ,厳格審査を適用するとしたが,修正5条のもとで,連邦議会の権限に基づいて行われるアファーマティブ・アクションの合憲性を判断する基準がやはり厳格審査であるのか,という点は積み残されていた[138]。*Adarand* 判決は,この争点に決着をつけた。また,行為者が連邦(ある

---

135) *Id.* at 276.
136) *Id.* at 275-276.
137) *Id.* at 276.

いは連邦立法府）であるか，州であるかによって，アファーマティブ・アクションに適用される合憲性基準を変えることは，ある種のアファーマティブ・アクションを合憲とするレトリックの意味をもっていたので，Adarand 判決は，人種に基づく区別の人種差別的な使用とアファーマティブ・アクションが，連邦裁判所において，完全に同じ基準，すなわち，厳格審査の下で扱われることを宣言し，事実上，アファーマティブ・アクションは，ほぼ，合憲とされないのではないか，という観測を生んだ。

　しかし，Adarand 判決の理由付けと，その実際の影響には，疑問が残る。

　Adarand の法廷意見は，Croson 判決の時点で，懐疑主義（skepticism），統一性（consistency），（基準の）調和（congruence）の見地から，すべてのアファーマティブ・アクションに厳格審査を適用するというルールができあがっていたというのだが，Croson 事件の揺り返しともとれる Metro Broadcasting 事件において，最高裁が，一転して，中間審査を採用したことは，Bakke, Fullilove, Wygant, Paradise 判決でのアファーマティブ・アクションの分析に関する最高裁の意見の割れに Croson 事件で必ずしも終止符が打たれたわけではなかったことを示唆しているように思われる。スティーブンス裁判官は，Metro Broadcasting 事件の判決当時の法は完全にオープンであったとして，フランクファータ（F.Frankfurter）裁判官の，「先例拘束性は主義にかかわる原則であって，どのように最近で問題のある判決であっても，その（最近の先例に）遵守がもっと範囲において包括的（embracing）な，本質的に健全な，経験によって正当化された既存の原則に衝突する場合にまで最新の判例に機械的に従うことではない」[139]，という先例拘束性の原則の解釈に従う。そして，法廷意見が，Metro Broadcasting 事件が既存の原則を傷つけるとして，Croson の原則に従うことを正当化することを批判している[140]。

　Croson 事件で最高裁が確立したとされる，人種や民族を理由とした区別には最も厳しい審査基準が適用されるということ，すべての，人種を理由とした区別の平等条項のもとでの審査には厳格審査が適用されなくてはならない，修正5条のもとでの合憲性審査は14条のもとでの合憲性審査と同じである，という「3つの一般的な立場」は Croson 判決の以前にも以後にも確定的なものでなかったというのが実情ではなかったろうか[141]。

---

138) Croson, 488 U.S. at 486 (opinion by O'Connor, J., joined by Rehnquist, Ch. J., and White, J.).
139) Hervering v. Hallock, 309 U.S. 106, 119 (1940).
140) Adarand, 515 U.S. at 257 (Stevens, J., dissenting).

また，Adarandの法廷意見は，Fullilove事件を連邦のアファーマティブ・アクションに厳格審査が適用された先例と読み替えているようである。実際には，Fullilove事件では，マーシャル裁判官の主張するような，過去の差別を是正するためのアファーマティブ・アクションを特殊なものとする考え方をとらないまでも，バーガ裁判官の採用したようにプログラムが連邦議会によるものであるという特別な要素を分析に加味して判断を下したり，もしくはパウエル裁判官のような，厳格審査のもとでも，アファーマティブ・アクションが合憲とされうるという解釈がとられていたりしたようだ。厳格審査の適用された法律が合憲とされることが非常にまれだという通念どおりの厳格審査を適用し，当該プログラムを違憲としたのはスチュアート，レーンクイスト，スティーブンスの3裁判官だけだった。このことから考えて，Fullilove事件では，どの基準を用いるかにかかわらず，最高裁がアファーマティブ・アクションが憲法的に許容されるという基本的な理解をもっていたということができる。従って，Fullilove判決は，Adarand判決とは全く違った文脈の事件である。

　Adarandの法廷意見は，そうした差を無視し，Fullilove事件を厳格審査をアファーマティブ・アクションに適用した先例として引用している。反対意見はこの法廷意見のFullilove事件の使い方に強く反発している[142]。

　Adarand判決は大まかにいってCroson判決の立場を踏襲したわけだが，この判決の法廷意見も，オコナの執筆でスカリアが別に結果同意意見を書いたⅢ-Cとその他彼の意見に矛盾する部分以外の部分にスカリア，レーンクイスト，ケネディ，トマスが同調した，結果については5対4の判決である。スティーブンスはギンズバーグの同調のある反対意見を書いているし，スータはギンズバーグ，ブライアの同調のある反対意見を書き，またギンズバーグは独自に反対意見も書いている。

---

141) 但し，Adarandこそを，Metro Broadcastingの揺り返しと見る見解もある。Fullilove事件で最高裁が信頼した連邦議会が，Metro Broadcasting事件では人種的多様性（diversity）の達成という，過去の差別の治癒以外の目標を明白に打ち出したため連邦議会に対する信用が失墜し，州によるアファーマティブ・アクションであるBakke事件でデイビス校医学部の人種的多様性を確保するという目的が是認された部分でも中間審査を採用したブレナン，マーシャル，ブラックマン裁判官を含む法廷意見がこれを支持したことで，連邦だけでなく州のアファーマティブ・アクションにもこの解釈が逆に持ち込まれるのではないかなどの懸念がAdarand判決での引き締めを引き起こしたというのである。Paul J. Miskin, *The Making of a Turning Point-Metro and Adarand*, 84 CAL. L. REV. 875 (1996)

142) Adarand, 515 U. S. at 258 (Stevens, J., dissenting).

*Adarand*判決と近時のアファーマティブ・アクションに対する広がる反感を併せて考えれば，この判決がおそらくアファーマティブ・アクションに厳格審査を適用するという最高裁の立場を確定したという見方は正しい。しかし，法理の上ではいまだ，アファーマティブ・アクションに他の人種に基づく区別と「同じ」厳格審査を適用することに対する確実なコンセンサスがあったとはいいづらい気がする。

　法廷意見（一部多数意見）にそうした不確かさが感じられるのが，オコナ裁判官の法廷意見のうち，スカリア裁判官の同意がないとみられるⅢ-Dの部分である。厳格審査に対する理解は，マーシャル裁判官が*Fullilove*事件で述べたように，厳格審査は「理論的には厳格だが，実際には致命的である」[143]というのが一般的であろう。だからこそ，アファーマティブ・アクションに適用される審査が厳格審査なのか，より緩やかな審査基準なのかをめぐってこうまで長期に渡って最高裁が割れてきたのである。オコナ裁判官の，厳格審査に関する一般的理解を否定するコメントは，一般的にアファーマティブ・アクションが厳格審査を生き残る可能性もないではないということを示したのか，あるいは非常に例外的に厳格審査のもとでアファーマティブ・アクションが生き残りうる事例[144]を強調してみせ，*Adarand*判決のアファーマティブ・アクションに対する「致命的」な効果を表面的に和らげてみせようとしたのだろうか。それとも，厳格審査を用いながら，アファーマティブ・アクションには微妙な匙加減を加えてみせるといいたいのだろうか。

　スカリア裁判官の同意意見の，まるで法廷意見が「厳格審査」をもって意図するところを念押しするような同意意見は，かえって法廷意見のアファーマティブ・アクションに対する微妙な譲歩のトーンを強調しているように思える。*Adarand*判決におけるオコナ意見は結局，過去の人種差別の状況，その立証，プログラムの建て方によっては厳格審査をかいくぐるアファーマティブ・アクションが存在すると示唆することで，実質的には厳格審査を運用面でアファーマティブ・アクションに対して緩和する含みを残した可能性がある。

　スティーブンス裁判官の意見は，適用される基準が厳格審査であるか，または中間審査であるかというラベリングにはあまり興味を示していない。基準を適用する段階で，政府目的が過去の差別からの救済であること，および議会が修正14条5項で州による差別に対抗して立法を行う権限を与えられていることから，連邦議会によるアファーマティブ・アクションと州のアファーマティブ・アクションを異な

---

143) *Id.* at 237.
144) *Id.* at 237, quoting Paradise, 480 U.S. 149, 167.

ったものとして取り扱うべきであることをその骨子としている。また，法廷意見が先例とした Fullilove 事件を厳格審査を適用した先例として採用しながら，連邦政府のアファーマティブ・アクションに緩やかな基準を適用した点のみを覆し，また，Fullilove 事件で問題になったアファーマティブ・アクションのプログラムよりもより精緻に作られた本件のプログラムを違憲とした法廷意見の Fullilove 事件の取り扱いに異議を呈し，法廷意見の法的安定性の主張がその実，先例を無視するものだと批判するのである[145]。

　スティーブンス裁判官の主張の，アファーマティブ・アクションを他の人種差別とは区別する根拠のうち，連邦議会の修正14条5項に基づく権限を理由とすることについては，法廷意見は明示的に否定している。しかし，法廷意見は政府目的が「良性の」ものであるかどうかは分からないとしており，とりあえずすべての人種を理由とした異なった取り扱いを厳格審査のもとで判断する，としている。

　法廷意見が過去の差別からの救済が厳格審査を満たす政府目的でありえると考えていることは Paradise 判決を例としていることから明白である。考えようによっては法廷意見が創出するのは，（もし，ほんとうにアファーマティブ・アクションが合憲とされる場合があるとしたら）結局，あきらかにアファーマティブ・アクションであると申し述べて甘い基準を適用してクリアさせるか，単に厳格審査を満たすものであると宣言するかの差であり，適用の場面でどの程度の差が出るのかを見るまで，法廷意見の意図するところは分からないといわざるを得ない。

　適用の場面で，どのようなプログラムが合憲とされうるのかを考える上で，参考になるのはやはり，先例とされた Fullilove 事件と本件のプログラムの比較である。しかし，Adarand の法廷意見自体は Fullilove 事件のプログラムと本件のプログラムの比較を行っておらず，厳格審査を適用すると述べて判断を差し戻し審にゆだねるに留まっている。オコナ裁判官は厳格審査をクリアするアファーマティブ・アクションがあると信じると述べている[146]。しかし，それがどんなものなのかを知るためにはいまだ機会を待たざるを得ない。一体，スティーブンス反対意見と法廷意見は，その実際の適用において，異なった結果を生むのだろうか。

　スータ反対意見の結論は，パウエル裁判官の援用した厳格審査というラベルを使うにしても，救済目的の人種を理由とした優遇措置が合理的か否かの合憲性基準が Fullilove の多数意見と引き比べて変化したわけではない，と考える。

---

145) Id. at 264.
146) 1999年6月18日の同志社大学アメリカ研究所におけるオコナ裁判官を交えての研究会でのコメント。

ギンズバーグ意見は，裁判所に対する連邦議会の憲法的権威の尊重，*Fullilove*事件の適用による本件の解決を前提として議論している点を無視すれば，オコナ多数意見の詳細な説明であるかのような印象を与える。確かに，スカリアを除いた法廷意見は厳格審査の適用によって個々の事案を厳しく審査すべきであるとしたのみで，明らかに過去の人種差別とその効果を撤廃する議会立法が正当な目的をもつものであることを，他の反対意見と同じく是認しているものとみえるし，また，本件でとられた補償プログラムが，厳格審査を通過する狭く限られたものかどうか，という点についても，本件を差戻し審に付しているので，その実際の適用の厳しさは不明である。あるいは差戻し審が厳格審査を用いても，本件のプログラムを合憲とすることもありえたかもしれない。ギンズバーグ裁判官の考え通り，他の人種差別とは違って，アファーマティブ・アクションが憲法的に許容される場合があるという点での多数意見と各反対意見の見解は思いがけず近いのかもしれない。

*Adarand*判決は結局，アファーマティブ・アクションにどのような合憲性基準を適用すべきかという論争に，非常に限られた形で終止符を打った。

*Adarand*判決の主な論点は，優遇措置立法の合憲性を判断する基準が厳格審査と（ラベリング）されるべきかどうか，その名称は別として，その目的が良性であることを理由に，もしくは目的の重要性を判断する際に修正14条5項で定められた連邦議会の権限を根拠に，連邦裁判所と連邦議会の力関係を特に考慮し，通常の人種を理由とした区別を用いる立法よりも実質的に緩やかな基準をもって審査すべきか否か，であった。

このうち，法廷意見が厳格審査を適用するとしたことで明確に答えたのは，各反対意見によれば，第一の名称の点だけである。オコナ裁判官の執筆した多数意見は，この厳格審査と呼ばれる基準が従来からの常識的認識となっている，適用されればまず通過する見込みのないものではないことを否定している。

厳格審査は，政府の目的が非常に重要かどうか，手段が狭く限られているか，という2点を判断するものであるが，オコナ多数意見は，多数意見のバージョンの厳格審査は，前者の，目的が非常に重要かどうかという点を審査する際に，他の事由がほとんどこの要件を満たさないのとは異なって，過去の人種差別の治癒のためのアファーマティブ・アクションはこの要件を満たす場合がある，と注記をつけてしまっている。（また，目的の重要性はしばしば手段が狭く限られているかどうかの審査に影響する。）

これを，厳格審査というラベリングはあまり意味をもたないとして，政府目的の重要性の判断にかかる問題ととらえるか，多数意見はすでに厳格審査でないものを

厳格審査であるとしたとみるかは，単なる見方の問題である。

　スティーブンス裁判官が懸念するとおり，厳格審査のラベルが，下級審が誤解する可能性をもたらす，という点も，関連ある要素であった。「厳格審査」というラベリングが，多数意見がいくら打ち消しても従来通りの致命的な厳格審査と受け取られ，下級審を多数意見が意図しない方向に導いているなら，「厳格審査」という文言を用いることは，はたして賢明だったかどうか分からない。

　スータ裁判官が述べたとおり，この法廷意見，一部多数意見の判示では，従来の最高裁の判断と引き比べて（先例としての *Fullilove* 判決の読み替えによって）審査基準の変更があったのかどうかさえあいまいであった。厳格審査という1つの概念のもとに，あまり異なった判決が先例として示されるので，スータ意見が示唆するように，厳格審査，中間審査などの合憲性審査基準の区別は以外と弾力的なものなのではないかと思われた。

　そのため，*Adarand* 判決は，実は，人種を理由としたアファーマティブ・アクションに通念通りの厳格審査を適用し，そのほとんど，あるいはすべてを違憲とするようなものではなく，人種を理由としたアファーマティブ・アクションの憲法的な正当性を確認し，プログラムの作り方次第では，その合憲性が支持されることがあるという，8対1の判決であるというような観測もされた。

　　＊初出――「米国におけるアファーマティブ・アクションの合憲性審査基準の動向」
　　同志社法学53巻7号（2002年）566頁

第7章
Adarand 判決の影響とその後

1 Adarand 判決の影響

　最高裁が，優遇措置立法が厳格審査を通過する可能性を単なるリップサービスとして付加したのでなかったなら，厳格審査という文言から推して，最高裁のアファーマティブ・アクションに対する態度が一般的に従来より厳しくなったことは想像できるが，現実にどのような審査が行われるのかについては，はっきりしなかった。

　厳格審査の文言は，現実にどのようなインパクトをもつのか不明のまま，人種的配慮に対するネガティブな印象を振りまいて存在感を示していた。例えば，*Shaw v. Hunt*（1995）[1]，*Hunt v. Cromartie*（1999）[2]の，人種的ゲリマンダーが問題になった判例の中でも，*Adarand* 判決が引用されている[3]。

　アファーマティブ・アクションについても，下級審では，この *Adarand v. Pena*（1995）の示した厳格審査を適用し，人種を入学許可の際に考慮の要素の1つに取り入れることを合憲とした *Bakke* 判決[4]を覆す判決が出された。

　テキサス州立大学法学部の人種的多様性を入学選考の際の一要素とし，同時に過去の差別の救済を目的とした入学許可制度の違憲を争った *Hopwood v. Texas*（1996）[5]は，学校側が入学許可制度を変更したため，訴の利益が失われた（moot）として最高裁に上告を許可されないまま[6]，連邦控訴裁判所レベルで原告に入学制度違憲の宣言的判決を与えて確定した。

---

1) Shaw v. Hunt, 517 U.S. 899, 904（1995）.
2) Hunt v. Cromatie, 526 U.S. 541, 546（1999）.
3) 一方，やはり人種的ゲリマンダー事件の Abrams v. Johnson, 521 U.S. 74（1997）では，ブライア（S.G. Brayer）裁判官が，すべての人種的配慮が許されないわけではないという根拠として，*Adarand* 判決を引用している
4) University of California v. Bakke, 438 U.S. 265（1978）.
5) Hopwood v. Texas, 78 F.3d 932（1996）.
6) Texas v. Hopwood, 518 U.S. 1033（cert. denied）（1996）.

テキサス大学の，ロー・スクールは，学部の評定評価平均（GPA）にロー・スクール適性テスト（LSAT）を組み合わせたものを，テキサス・インテックス・ナンバー（Texas Index Number, TI）と呼んで，入学選考の基礎にしていた。志願者はTIによって，合格推定者，不合格推定者，裁量範囲内の者にカテゴリー分けされ，合格推定者，不合格推定者については，あまり検討が為されることなしに，それぞれ合格，不合格が決められた。裁量範囲内の者については，より厳密な検討が行われ，合格，不合格が決められていた。この，カテゴリー分けをする際のTIのポイントは，黒人，メキシコ系の応募者に対しては，あらかじめ低く設定されており，それが合否判定に大きく影響した。加えて，黒人，メキシコ系の応募者については，特に，マイノリティー選考副委員会が設置され，この委員会が最終的に合否判定を下していた。さらに，人種と出身地で分けた待機者リストが存在し，辞退者が出た場合のために，合格可能性のあるマイノリティーの応募者がプールされていた[7]。

事件の原告，Hopwoodらは，1992年の入試に応募し，不合格とされた。原告らは，裁量範囲内とされた者のトップにカテゴリー分けされていた。原告らは，修正14条侵害のほか，連邦公民権法の侵害を主張し，injunctionによる救済と宣言的判決，填補的損害賠償，懲罰的損害賠償を求めた[8]。

連邦地裁は厳格審査を基準として採用し，テキサス州立大学の挙げた，学生の人種的多様性を確保すること，過去の人種差別を克服すること，という目的が，厳格審査を満たす，政府の非常に重要な目的にあたる，と認めた。テキサス州立大学の挙げた，過去の差別の影響の克服という点では，ロー・スクール内部に存在した人種差別の影響でなくてもよく，テキサス州の教育制度全体に存在する過去の差別の影響の克服が，厳格審査を満たす目的として認められた[9]。

連邦地裁は，手段については，マイノリティーのTIの点数を他の学生の者とは違ったやり方で扱い，マイノリティーに利点を与えることは合憲としたが，他の学生とマイノリティーの学生を，ある時点で同じ土俵にのせて審査することをしなかったこと，つまり，特別の選考委員会を設けて審査していたことが違憲とされた。また，傍論では，マイノリティーのTIの基準が低く設定され，他の学生が検討の対象にならないような場合でも，裁量範囲にある者として審査を受けることが出来る点は，違憲の可能性があるとした[10]。

---

7)　Id. at 935-938.
8)　Id. at 938.
9)　Id. at 938-939.

連邦地裁は，しかし，結論としては，原告らが，この入学制度がなかったら，合格していたという挙証責任を果たしていないとして，原告らの入学を認めなかった。また，テキサス州立大学ロー・スクールが，特別の選考委員会を廃止したため，injunction による救済も認めず，違憲の宣言的判決を出し，原告らを人種による不利益なしに，ロー・スクールに再応募させることを命じたたのみだった[11]。

上訴審である第5巡回区控訴裁判所の判断は異なっていた。

控訴裁判所は，Adarand 判決を引いて[12]，厳格審査を適用し，学生の間の人種的多様性の確保と，過去の差別の影響の克服という，2つの目的を検討した。人種的多様性の確保は，Bakke 判決[13]では，中間審査を適用して合憲判決を下した4人の裁判官と共に法廷意見を形成した，パウエル（L. F. Powell, Jr.）裁判官によって，厳格審査を満たす非常に重要な政府利益とされ[14]，Metro Broadcasting 判決でも，中間審査を満たす重要な政府目的とされたが[15]，Hopwood の控訴審は，この目的を，厳格審査を満たす非常に重要な政府利益ではない，と判断した[16]。Croson 判決，Adarand 判決にならって，過去の人種差別の影響を克服することのみが，非常に重要な政府利益として認められる，という立場をとったのである[17]。テキサス州立大学ロー・スクールの挙げた，過去の人種差別の影響の克服という目的についても，克服しようとする差別が，ロー・スクール内に過去に存在した差別の影響に限定して判断し，学内の敵対的なムードなどは，社会的差別の結果で，救済の対象にならず，ロー・スクールには，近い過去には公的制裁を受けるべき差別は存在しなかったとして，非常に重要な政府目的としては認めなかった[18]。

---

10) *Id.* at 939.
11) *Id.*
12) *Id.* at 940.
13) University of California v. Bakke, 438 U. S. 265 (1978).
14) *Id.* at 314.
15) Metro Broadcasting Inc. v. FCC, 497 U. S. 547, 600 (1990).
16) Hopwood, 78 F. 3d at 944-945. 学生の人種的多様性（diversity）を確保するという目的を厳格審査のもとで重要な利益（compelling interest）としたのは Bakke 判決のパウエル裁判官のみで，人種を入学制度の一要素とすることを許容した他の4裁判官は過去の差別の影響からの救済のみを焦点に中間審査を適用していること，Metro Broadcasting 判決が，人種的多様性の達成を目的としたアファーマティブ・アクションを合憲としているものの，適用されたのは中間審査だったことが，Adarand 判決に従って厳格審査によって人種的多様性の確保を入学選考の目的として違憲とする論拠である，*Id.* at 941-948。
17) *Id.* at 944-945.

控訴裁判所は，結局，テキサス州立大学ロー・スクールの入学選考制度は，厳格審査を満たす，非常に重要な政府利益を欠くとして，これを違憲無効とした[19]。

ただし，ロー・スクールが，すでに，入学選考制度を人種的に中立なものに変更していたことから，地裁が差止請求を認めなかったことについては，裁量権の逸脱はなかったと結論づけた[20]。懲罰的損害賠償についても，要件として，行為者の無謀な無頓着さ (reckless indiferrence) が要求されるところ，ロー・スクールが善意の (good faith) 行為者であったことから，認められなかった[21]。原告が，憲法違反のない入学選考制度の下で再応募することが認められ，填補的損害賠償を要するかどうかの問題は，地裁に差し戻された[22]。

連邦最高裁は，この事件に対する連邦移送令状の発給を拒んだ[23]。そのため，第5巡回区においては，入学許可制度における，人種的多様性の確保を目的とした優遇措置は，憲法によって禁止されているという見解が支配した。

クリントン (B. Clinton) 政権下の連邦政府は，それまでの実務通り，最高裁判決をできるだけ狭く解釈して，プログラムに Adarand 判決に添った修正のみを加え，アファーマティブ・アクションを続行しようとするであろうと観測されていた[24]。立法府では，上院で，Adarand 判決に沿って，マイノリティーや女性事業者のために連邦の契約を一部留保する (set-aside) プログラムを廃止する法案が否決され，連邦の予算は，Adarand 判決に適合するプログラムにのみ支出しうるという条項が付加された[25]。クリントン大統領は，2期目の大統領選を前にした1995年7月に，アファーマティブ・アクションを終わらせるのでなく，Adarand 判決に沿って修正する旨のスピーチを行っている[26]。クリントン政権下では，見ようによっては政治

---

18) *Id.* at 950-954.
19) *Id.* at 955.
20) *Id.* at 958.
21) *Id.* at 959.
22) *Id.* at 962.
23) Texas v. Hopwood, 518 U. S. 1033 (cert. denied) (1996).
24) Neal Davis, *Adarand Constructors, Inc. v. Pena and The Continuing Irrelevance of Supreme Court Affirmative Action Decisions*, 37 WM. & MARY L. REV. 673 (1996) 但し，California における Proposition 209 の採択以前に書かれたもの。
25) *Id.* at 713.
26) Remarks at the National Archives and Records Administration, 31 WEEKLY COMP. PRES. DOCS. 1255. 従来に比べてとりたてて厳しい修正が示されたものではなかった，Richard D. Kahlenberg, *Class-Based Affirmative Action*, 84 CAL. L. REV. 1037 (1996).

部門と司法部が対立していたともいえる。

　但し，2000年大統領選挙は，前代未聞の混迷の中で，共和党のブッシュ（W. Bash）大統領の勝利に終わった。ブッシュ政権は，人種に基づくアファーマティブ・アクションを禁じ，人種中立的な優遇策に転じた[27]。

　カリフォルニアとワシントンの2州は，Adarand 判決を追い風に，1995 年と 1998 年に，いわゆるアファーマティブ・アクション禁止法を州民投票で成立させた。カリフォルニアの憲法修正は，「人種，性別，肌の色，民族，（先祖の）国籍（national origin）を理由として，公的雇用や公教育，公的事業契約の実行において，差別又は優遇措置をしてはならない」と定める[28]。この憲法修正については，その合憲性が争われていたが，すでに控訴裁レベルでの合憲判決があって，連邦移送令状の発給が拒否され，合憲性が確認されている。

　Coalition for Ecomomic Equity v. Willson（1997）事件[29]は，アファーマティブ・アクション支持派の諸団体が，憲法修正違憲の宣言的判決を求める訴訟を，連邦地裁に提起して起こった。地裁は付随して，訴訟終結まで，憲法修正の実施を暫定的に差し止める命令（preliminary injunction）を出したが，これに対し，反アファーマティブ・アクションの団体が，暫定的差止命令の停止を求めて訴訟を提起し，これに，州知事が当事者として介入した。そして，暫定的差止命令が無効とされた。連邦高等裁判所の判旨は，憲法修正は，州が性別や人種を理由に個人を区別することそのものを禁じ，性別や人種を理由に個人を区別するものではないのだから，平等条項を侵害するものではなく，合憲であるというものであった[30]。ワシントン州も，この動きをみて，1998 年に，住民投票の手法で，カリフォルニア憲法修正をモデルにしたアファーマティブ・アクション禁止法を可決した[31]。

　こうした動きを，アファーマティブ・アクションが市民の支持を失っていると読

---

27) これは，のちに，オバマ（B. Obama）政権によって転換され，再び人種的考慮が許容されるようになる。http://peoplesworld.org/obama-administration-reverses-bush-policy-on-affirmative-action/（2014 年 11 月 7 日最終閲覧）。

28) Proposition 209, codified as Cal Const. art. 1, §31(a) (1996).

29) Coalition for Ecomomic Equity v. Willson, 122 F. 3d. 692 (1997), cert. denied, 522 U. S. 963 (1997). 毛利透「Coalition for Ecomomic Equity v. Willson, 122 F. 3d. 692 (1997), cert. denied, 118 S. Ct. 397 (1997)――州による人種・性に基づく優遇措置を禁止する州憲法改正は連邦憲法に違反しない」アメリカ法〔2000-1〕129 頁，拙稿「アファーマティブ・アクションの退潮」同志社アメリカ研究 36 号（2000）71 頁参照。

30) Coalition for Ecomomic Equity, 692 F. 3d at 702.

31) Initiative 200, codified as Wash. Rev. Code. §49. 60. 400 (1998).

む一般の傾向に対して，50州のうちカリフォルニアとワシントンの2州がアファーマティブ・アクション禁止法を通過させたに過ぎず，他の州では成功する気配もないのに，人権団体がうまく選定した事件を提起して最高裁の判断を迫ることで，司法のアクティビズムがアファーマティブ・アクションを数年の内に消滅させるだろうと懸念する声があった[32]。

これに対して，行政府は，表面的には人種に対する考慮を行うことを掲げないプログラムを実施して，アファーマティブ・アクションと同様の効果を得ることを行い，このようなプログラムは憲法上許容されるので，*Adarand* 判決は象徴的意味しかもたないと指摘する論者もある[33]。

結論として，その真意はどうあれ，反アファーマティブ・アクションの急先鋒を担いでいるとみられているのは連邦最高裁で，アファーマティブ・アクションへの風当たりは，確かに強くなった。しかし，連邦行政部，州行政部を含め，おおかたの州の政治部門は，なんらかの人種的マイノリティーに対する優遇措置を必要と考えて，何とか活路を見いだそうとしていた。アメリカ社会の状況はいまだ混迷しており，*Adarand* 判決に，アファーマティブ・アクションの死をみるのは，いささか時期尚早に思えた[34]。

2　*Adarand* 判決後

これまで最高裁はアファーマティブ・アクションに対して明確な基準を示さず，事実特定的な判決しか示さず，世論を刺激する役割を果たしてきた，オコナ（S. D. O'Connor）裁判官やパウエル裁判官は特にそうした役割を認識していた，という指摘がある[35]。*Adarand* 判決の後，人種を理由としたアファーマティブ・アクションを正面から扱う最高裁判決はなかった。

---

32) Jeniffer L. Hochschild, *The Strange Career of Affirmative Action*, 59 OHIO ST. L. J. 997 (1998).
33) Kathleen M. Sullivan, *After Affirmative Action*, 59 OHIO ST. J. L. 1039 (1998).
34) 爾後厳格化した公共工事におけるアファーマティブ・アクションの合憲性審査の基準につき，拙稿「公共工事におけるアファーマティブ・アクションと平等保護の合憲性審査基準」アメリカ法2009年1号44頁（2009年）参照。
35) Cass R. Sunstein, *Public Deliberation, Affirmative Action, and the Supreme Court*, 84 CAL. L. R. 1179 (1996). Proposition 209 の採択前の論文であるが，レファレンダムの過程では，最高裁のこのような役割が生かされないのではないかという懸念が述べられている。

ただ，*City of Dalls v. Dallas Fire Fighters Association*（1999）[36]では，ダラス市消防局が実施した，マイノリティーと女性を雇用するアファーマティブ・アクションを，救済を基礎づける過去の差別の不存在を理由に違憲とした第5巡回区裁判所の判決に対する連邦移送令状の発給を拒否している[37]。

教育の分野では，ワシントン州立大学ロー・スクールに対して，人種を入学選考の際，考慮に入れたことに対する損害賠償訴訟が係争していた[38]。この訴訟において，*Bakke*事件の基準を用い，救済以外に，人種的多様性を確保するという目的で，入学選考の際に人種を考慮することが憲法上許容される，という，*Hopwood*事件の控訴審の判断とは相反する，第9巡回区連邦控訴裁判所判断[39]に対する上訴が行

---

36) City of Dalls v. Dallas Fire Fighters Association, 526 U.S. 1046（1999）. ブライア裁判官が，ギンズバーグ（R.B.Ginsburg）裁判官の同意を得て反対意見を書いている。ブライア裁判官は，*Adarand*判決によれば，修正14条の平等条項は，過去の差別を救済するための，狭く限られた手段によるアファーマティブ・アクションを許容しており，提示されたダラス市消防局の雇用統計は，このような過去の差別を証明すると考えている。他の控訴裁判所では，同種の記録に基づいて，アファーマティブ・アクションが合憲とされた事例があって，判断が割れていることからも，過去の差別の証明について重要な問題を提起する本件に対して，移送令状を発給すべきであったというのである。

37) 他に，1999年度開廷期には，人種が考慮された入学選考によって，テキサス州立大学のPh.D.プログラムへの入学が許可されなかったとして，入学選考の合憲性が争われた事例で，人種が考慮されていない中立的な選考のもとでも，原告の入学は許可されなかったであろうという確かな証拠があるとして，summary judgementによる原告敗訴の判決を妥当とし，控訴裁判所の判決を破棄して原審に差し戻した，Texas v. Lesage, 120 S.Ct. 467（1999）がある。

38) 入学許可制度に人種的考慮を含めることが厳格審査をクリアするのかについて，ワシントン州立大学ロー・スクールに対して，成績の点で他のマイノリティーの学生よりも優れていたにも関わらず，入学を拒否された白人女性による，損害賠償をもとめる訴訟が，*Hopwood*事件と同じ，ワシントン，D.C.の法律事務所，Center for Individual Rightsによって起こされていた。, Michelle Malkin, *Diversity Rhetoric Can't Hide UW's Disriminatory Policy*, SEATTLE TIMES, Mar.11, 1997, Marsha King, *Reverse-bias Lawsuit at UW Could Define Role of Race for All Schools*, SEATTLE TIMES, March 21, 1997. 連邦地裁判官は，その2つのpretrial rulingに対する判断を第9連邦控訴裁判所の決定に付した。pretrial rulingのひとつは，I-200の通過に伴い，ワシントン大学が人種を入学選考手続きに置いて考慮から外したため，訴訟の損害賠償請求以外の部分を却下するものであり，今ひとつはいまだ連邦のリーディング・ケースである*Bakke*事件の基準を採用することである，Roberto Sanchez, *Trial of Reverse-bias Suit Against UW Is Delayed*, SEATTLE TIMES, Feb.19, 1999。

39) Smith v. University of Washington Law School, 233 F.3d 1188（2000）.

われていた。しかし，最高裁は，2001年5月に，理由を付さずに移送令状の発給を拒否した[40]。このため，最高裁判断の可能性は，同様の争点を含んだ，ミシガン州立大学の文学・科学・芸術学部[41]，あるいは，その法学部に対する係争中の事件[42]に持ち越された。

ところが，2000-2001年度開廷期には，他ならぬ Adarand 事件の差し戻し審で，新たな最高裁判断が下される見込みが出てきた。

Adarand 判決は一審に差し戻され，厳格審査のもとで，市の契約取り置きプログラムの合憲性が審査され，原告勝訴の summary judgement が下された[43]。相手方の連邦政府は未だ，補償プログラムが，連邦によるものと同時に州による連邦に援助されたプログラムについても厳格審査のもとで充分に狭く限られた手段であると判断しなかった点で，地裁判決が誤っていると争って控訴したが[44]，第10巡回区控訴裁判所では地裁が判決を出した以降に，補償プログラムの実施に反対する宣言的判決と injunction を求めていた Adarand 自体がこのプログラムに参加できる

---

40) Smith v. University of Washington Law School, 532 U. S. 1051 (2001).
　　ワシントン大学全体と同じくロー・スクールも，I-200 に伴うアファーマティブ・アクション撤廃のため，マイノリティーの応募者，合格者の減少に見舞われたようだ，Roberto Sanchez, *UW Officials Blame I-200 for Drop in Applications*, SEATTLE TIMES, Mar. 17, 1999, Roberto Sanchez, *Number of Minority Admissions at UW Law School Fall Off*, SEATTLE TIMES, June 19, 1999.
41) Gratz v. Bollinger, 122 F. Supp. 2d 811 (2000) によれば，連邦地裁は，人種の多様性を確保するために，入学選考の際に人種を考慮することは，厳格審査のもとで許容されるという見解である。被告である大学の側の当事者として介入した，アフリカ系とラティーノの学生及びその支援団体は，入学選考の際に人種を考慮することは救済目的で，憲法上許容されると主張したが，真の目的が人種的多様性の確保である，救済目的であること，あるいは救済の必要性に関する挙証が不充分であるとして，退けられた。Gratz v. Bollinger, 135 F. 2d. 790 (2001)
42) Grutter v. Bollinger, 137 F. Supp. 2d 821 (2001). 連邦地裁は法学部側の主張した人種的多様性の確保は，厳格審査を満たす非常に重要な目的とは認められないとして，人種を考慮に入れる入学選考制度に違憲の判決を下している。人種を入学選考の際に考慮に入れてはならない，という injunction による救済の執行停止を求める大学側の訴えは，Gratz 判決などにみられる Bakke 判決の解釈をめぐる混迷に鑑みて，認められている。Grutter v. Bollinger, 137 F. Supp. 2d 874 (2001)。このほか，直接に平等条項を争った事件ではないが，同じ基準を用いるとされた類似の事件に，Johnson v. University of Georgia, 106 F. Supp. 2d 1362 (2000), Johnson v. University of Georgia, 263 F. 3d. 1234 (2001)。
43) Adarand Constructors, Inc. v. Pena, 965 F. Supp. 1556 (1997).
44) Adarand Constructors, Inc. v. Slater, 169 F. 3d. 1292 (1999).

「社会的経済的に不利益を負った個人」に経営されている請負契約者と認定されてしまったため，訴訟が moot になってしまったとされた。コロラド州が独自に補償プログラムの実施規則から，「社会的経済的に不利益を負った個人」に関する推定条項を削り，自己申請に切り替え，Adarand が資格を得たのである。その結果，Adarand は法的救済を受けた者とされ，当事者適格（standing）を失ったと判断された[45]。

しかし，最高裁は，Adarand の上訴を受け，*Adarand v. Slater*（2000）[46]において，全員一致で，連邦控訴裁判所の判断を破棄し，原審に差し戻した。moot の問題を standing と混同し，挙証責任を間違った当事者に課したというのがその理由である。最高裁によれば，訴訟は，もし，権利侵害の可能性のある行為が自発的に取りやめられた場合には moot になりうるが，これは，「問題になっている不当な行為が再び起こらないことが合理的に期待できることが完全に明白」な場合に限られる[47]。そして，重い説得責任（heavy burden of persuading）が，moot を主張する側，この場合，政府の側に課される。政府はこの挙証責任を果たしておらず，控訴裁判所の誤りは重大であるというのである。連邦の運輸省は，補償プログラムに業者を参加させる際に，州機関の有効な証明を要求し，とるべき手続きを規則によって定めている。これらの規則には，「社会的経済的に不利益を負った個人」に関する推定条項が残っているわけで，それ以外の業者がプログラムに参加するためには，州機関が，その業者が「社会的経済的不利益を負った個人」であるという個別の認定を行わなければならない。ところが，コロラド州運輸省は，推定条項を削り，業者の，社会的経済的不利益を負った業者であるという地位を与えられている，という自己申請によるプログラムへの参加を，審査なしに受け付けた。このため，連邦運輸省の規則と，コロラド州運輸省の実務の矛盾は明白であって，州による認定が有効か

---

45) *Id.* at 1296. コロラド州独自の判断とはいっても，ある州で得た資格は他州でも有効である，また，連邦政府が連邦規則から外れたコロラド州の資格認定を取り消す可能性があるというのでは具体的に損害を受ける可能性が遠すぎるなどの理由で，Adarand の事件が moot になっていないという訴えは退けられた。*Id.* at 1296-1298. こうした場合，自己の積極的行為によらずに控訴の機会を失った当事者を下級審の判決で縛らないために，下級審判決を破棄することが行われるが，認定規則を変えて Adarand が補償プログラムの推定規定に挑戦する standing を消滅させたのがコロラド州で連邦政府でなかったことから，Adarand 事件についても破棄差戻の判決が下りている。*Id.* at 1298-1299.

46) Adarand v. Slater, 528 U.S. 216 (2000).

47) *Id.* at 725.

どうか，補償条項が州の認定を受け入れることを要求するかどうか明白でない，というのである[48]。連邦運輸局は，第三者が認定が有効かどうかに異議を申し立てた時には，最終的にその認定の妥当性を審査することができ，連邦規則に定められた参加資格を満たさないと判断する合理的な理由があれば，州に対して，会社が「社会的経済的不利益を負った個人」であるという認定を取り消すよう求める権限を有する。従って，Adarand が再び不利益をうける可能性がないとは，明白にいえないばかりか，第三者からの異議申立ての可能性は極めてありうることである。それなのに，第 10 巡回区控訴裁判所は，Adarand を門前払いした，と最高裁は指摘する。そして，被告が再び加害行為を起こすという予測は，standing を認めるには漠然としすぎることがあっても，mootness の主張を退けるためには充分であるような状況があるとして[49]，この事件では，運輸長官側が，「問題になっている不当な行為が再び起こらないことが合理的に期待できることが完全に明白」であることを証明する挙証責任を果たしていないため，原告の訴訟原因 (cause of action) はまだ生きていると判断した。そして，原告が最高裁まで争った本件のような事件が moot とされるのは，原告が求めた司法による保護が必要でないことが完全に明白な場合だけ正当化される，と述べ，連邦移送令状を発給し，第 10 巡回区控訴裁判所の判断を破棄し，事件を原審に差し戻した[50]。

この差し戻しを受けて，新たに審理を行った第 10 巡回区控訴裁判所は，Adarand 判決が先例とした Fullilove 事件の基準は採らないことを明言し，厳格審査のもとで，当該プログラムの合憲性審査を行うとした。その結果，当該プログラムが，政府の非常に重要な利益に仕えることは，連邦議会による調査や外部の研究，地域の実情の研究による，統計と実例による証拠によって証明されていると判示した。また，手段が充分に狭く限られているか，という点については，地裁の審理した当時のプログラムは一部違憲であるという見解を示しながらも，以後に改正された現行のプログラムは，問題点をすべて改正によって是正しているなどの理由で合憲であるとし，事件を地裁に差し戻した[51]。

この第 10 巡回区控訴裁判所からの上訴には，2001 年 3 月に，連邦移送令状の発給が認められており[52]，続いて，新たな最高裁における事件の審理が，2 つの点に

---

48) *Id.* at 726.
49) *Id.* at 726.
50) *Id.* at 726-727.
51) Adarand Constructors, Inc. v. Slater, 228 F. 3d 1147 (2000).
52) Adarand Constructors, Inc. v. Mineta, 532 U. S. 941 (2001).

限って行われるという命令が出されている[53]。1つは，議会が当該プログラムに関する立法を行う上で，非常に重要な政府利益を有していたかどうかを判断する際，控訴裁判所が厳格審査の適用を誤ったかどうか，についてである。2つ目は，連邦運輸局の現在の補償プログラムが，充分に狭く限られたものであるかについてである。ところが，この事件は，上告審において，Adarand側が，当該プログラムだけでなく，他の人種を用いたプログラムの合憲性をも争っているとされ，移送令状発給の際には申し立てられていなかった争点を加えたとして，移送令状が取り消された（dismiss）[54]。この事件では，最高裁による実体判決は，結局下されなかった[55]。

　教育の分野で，*Bakke*事件の基準が，今後，生き延びるのかどうか，そして，アメリカ最高裁が，人種を理由としたアファーマティブ・アクションを終わらせるのか，そして，アファーマティブ・アクションが，それによって終わるのかどうかについては，未だ不透明であった。

　　＊初出──「米国におけるアファーマティブ・アクションの合憲性審査基準の動向」
　　同志社法学53巻7号（2002年）566頁

---

53) Adarand Constructors, Inc. v. Mineta, 532 U.S. 967 (2001).
54) Adarand Constructors, Inc. v. Mineta, 534 U.S. 103 (2001).
55) 公共工事におけるアファーマティブ・アクションが合憲とされるかどうかの基準は，爾後，*Croson*, *Adarand*事件，そして，後続の*PICS*事件をうけて厳格化し，救済目的の場合には救済の基礎となる過去の人種差別についての挙証が厳格化する，中立的な手段を検討したかどうかや，時限がもうけられているかどうかが問われるようになるなど，厳格化している。拙稿「公共工事におけるアファーマティブ・アクションと平等保護の合憲性審査基準」[2009-1] アメリカ法44参照。

第 8 章
高等教育の入学選考における人種的考慮の合憲性 ― *Grutter* 判決

Adarand 判決が下された後，連邦最高裁は，2003 年に，驚きの判断を下した。*Grutter v. Bollinger*[1]は，ミシガン州立大学のロースクールが実施していた人種を理由とするアファーマティブ・アクションを合憲と判断し，その後 10 年にわたって，大学レベルでの人種を考慮した入学選考に関するリーディング・ケースとなった。

1 事　実

　ミシガン大学ロー・スクールは，全米のトップスクールの 1 つで，約 350 名の定員に 3,500 名以上の応募があった。ロー・スクールは，優秀で，法実務で成功し，他者の幸福に貢献しうる学生を求めていたが，そのために，「互いを尊敬し，互いから学ぶであろう多様な背景と経験の学生の混合」を望み，1992 年に，この趣旨の入学選考ポリシーを採択した。当該ポリシーは，学業成績と，応募者の才能や経験，周囲の者の学習に貢献する可能性の柔軟な評価を組み合わせたもので，入学選考担当者がそれぞれの応募者を，個人的なステイトメント，推薦状，応募者がロー・スクールの生活と多様性に貢献する方法を述べたエッセイ，その他，応募者のファイルに含まれるすべての情報に基づいて評価することを求めていた。また，入学選考担当者は，ロー・スクールでの学業の成功を予想するに重要とされた，大学の評定平均（GPA）と適正テスト（LSAT）のスコアを考慮せねばならなかった。当該入学選考ポリシーは，入学選考過程で重く考慮される「多様性」を限定しない一方，ロー・スクールが「歴史的に差別を受けてきたグループ出身の学生を含むことに特別の関心をおく，人種的，民族的多様性」の達成に努力を注いできたことを再確認

---

[1] Grutter v. Bollinger, 539 U. S. 306 (2003). 紙谷雅子「大学とアファーマティヴ・アクション ― Grutter v. Bollinger, 539 U. S. 306, 123 S. Ct. 2325 (2003) および Gratz v. Bollinger, 539 U. S. 244, 123 S. Ct. 2411 (2003)」[2004-1] アメリカ法 53。

していた。

原告 Grutter は，白人で女性のミシガン州居住者で，1996 年に応募し，待機者リストに載せられた後，不合格となった。原告は，ロー・スクール側を相手取り，人種による差別を受けたとして 1964 年公民権法第 6 編（連邦から資金援助を受ける事業での人種差別を禁止する），42 U. S. C. §1981（法の下の平等），修正 14 条の侵害を主張し，訴訟を起こした。

連邦地方裁判所は，厳格審査を適用し，ロー・スクールの人種を考慮した入学制度は，目的，手段の両方で，違法であったとし，原告に宣言的判決による救済を認め，ロー・スクールに対し，入学選考に人種を用いることを禁じた。これに対し，連邦控訴裁判所は，控訴にかかっている差止判決の効力を停止し，審理を行った。控訴裁判所は，全員法廷（en banc）で審理を行い，当該入学選考プログラムを合憲として，差止判決を破棄した。

2 判　旨

判決は 5（オコナ（S. D. O'Connor），スティーブンス（J. P. Stevens），スータ（D. H. Souter），ギンズバーグ（R. B. Ginsburg），ブライア（G. Breyer））対 4（レーンクイスト（W. H. Rehnquist），スカリア（A. Scalia），ケネディ（A. M. Kennedy），トマス（C. Thomas））で，オコナ裁判官が法廷意見を執筆した。

本判決には，ギンズバーグ同意意見（ブライア同調），スカリア一部同意一部反対意見（トマス同調），トマス一部同意一部反対意見（スカリア同調），レーンクイスト反対意見（スカリア，ケネディ，トマス同調），ケネディ反対意見が付されている。法廷意見は以下のように述べる。

1 法廷意見

（i）　25 年前の *Bakke* 判決[2]では，メディカル・スクールの 100 席のうち 16 席をマイノリティーに留保するプログラムを審査した。6 つの意見のどれも多数意見とならず，4 裁判官が，政府は過去の差別による不利益の救済のために人種的区分を利用できるとして，プログラムを合憲とした。ほかの 4 人は，法律解釈によりプ

---

[2] University of California v. Bakke, 438 U. S. 265, (1978). 高橋一修「Regents of the University of California v. Bakke, 438 U. S. 65, 98 SCt. 2733, 57 L Ed. 2d 750 (1978) 逆差別」別冊ジュリスト 139 号（1996 年）66 頁。

ログラムを違法とした。パウエル（L. F. Powell, Jr.）裁判官は，留保プログラムを無効とすることのみならず，人種的区分を全く使ってはならないとする州裁判所の差止命令を無効にすることにも1票を投じた。Bakke判決の唯一の判示は，「州は，人種と民族的起源を競争的に考慮することを含む，適切に工夫された入学選考制度が正当に仕えうる，実質的利益を有する」ことである。パウエル裁判官による法廷意見は，長く，人種を考慮する入学選考の合憲性の分析の基準となってきた。パウエル裁判官の見解では，「政府の決定が個人の人種や民族的背景に関連する場合，彼は，負担が，非常に重要な政府利益に仕えるよう，正確に限られているという司法判断を受ける権利を与えられている」。この厳格な基準の下でパウエル裁判官が合憲としたのは，大学が主張した利益のうち「多様な学生集団の達成」のみであった。パウエル裁判官は，「個人の権利を保護する憲法的限界が無視されてはならない」という重要な条件をつけ，その分析を修正1条の保障する学問の自由に基礎づけた。また，人種は，「多様な学生集団の達成」のために考慮してよい範囲の要因のうちの1つにすぎないことを強調し，割当制は許容されないとした。われわれは，学生集団の多様性が，大学の入学選考において人種的区分の利用を正当化する非常に重要な政府利益だというパウエル裁判官の見解を是認（endorse）する。

（ⅱ）政府によるすべての人種的区分は，厳格審査によって合憲性が判断されねばならない。厳格審査は，「理論の上では厳格だが，実際には致命的」ではない。人種に基づく政府行為が非常に重要な政府利益を促進するに必要な場合には，手段が充分に狭く限られている，という要件を満たす限りにおいて，当該政府行為は平等保護の保障を侵害しない。人種的区分に基づく政府行為の合憲性を審査する場合には，事件の文脈が考慮される。Adarand事件[3]は，厳格審査が関連する相違を考慮することを明らかにした。

（ⅲ）ロー・スクールは，多様な学生集団の達成に，非常に重要な利益を有する。ロー・スクールの，その教育的使命にとって学生集団の多様性が欠かせないという教育的判断は，われわれが謙譲するところである。多様性が実際に教育的利益を生じるという判断は，被上告人や裁判所の友のブリーフによって実質化されている。入学選考ポリシーは，「人種間理解」を促進し，人種のステレオタイプの打破を助け，「（学生が）異なる人種の人々をよりよく理解できるようにする」。事実審の証拠となった専門的研究とレポートの他に，数多くの研究が，多様な学生集団が学習結果を促進し，「学生をいっそう多様化する職場と社会のためによりよく準備させ，職

---

3) Adarand Construc tors, Inc. v. Pena, 515 U. S. 200 (1995).

業人としてよりよく準備させる」ことを示している。われわれは，教育を社会の構造を維持する基本的な役割をはたし「政治的文化的伝統を保持する」ようと表現して，学生を職場や市民生活のために準備させることの重要性を繰り返し認めてきた。さらに，大学，特にロー・スクールは，多数の国家のリーダーの訓練の場を代表する。市民の目に正当性をもつリーダーを育成するため，リーダーシップへの道は，すべての人種と民族の，才能と資格ある個人に，目に見えて開かれていなくてはならない。

（ⅳ）　手段が充分に狭く限られていると評価されるには，割当制は許されず，大学は，個人を他のすべての候補者と分離せずに，人種や民族を特定の候補者のファイルの中でプラスとして考慮しうる。当該入学選考プログラムは，割当制としては機能せず，マイノリティーの学生の相当の数（critical mass，あるパーセンテージを人種バランスのために確保するものではなく，多様性が創出する教育的利益によって定義される）を達成するとの目標を設定しても，入学選考プログラムが割当制に変ずるわけではない。また，当該入学選考制度は，すべての関連する多様性の要素に同じウェイトを置かないが，それらを各応募者の特別な資格に照らして考慮し，すべての応募者を同じ立場に置いて考慮するに充分柔軟である。

2　相対多数意見[4]

人種という区分の利用はあまりに危険であり，人種を考慮する入学選考は，政府によるすべての人種の利用は論理的な終点（logical end point）をもたなくてはならないという要求から除外されない[5]。

ロー・スクールが，「人種中立的な入学選考の方法をみつけることほどよいことはない」とし，人種を考慮する入学選考制度を実施可能な限り早くに廃止するとしている点を信用する。パウエル裁判官が，公的な高等教育の文脈において，人種の利用を最初に承認してから25年がたった。評定成績とテスト・スコアの高いマイノリティーの応募者の数は実際に増加した。これから25年後には，人種的優遇が学生集団の多様性を達成するためにもはや必要でなくなることを期待する[6]。

3　結　論

平等保護条項は，ロー・スクールの，多様な学生集団からくる教育的利益を得る

---

4) スカリア，トマスの同意があるとみられる。
5) Grutter, 539 U.S. at 342.
6) *Id.* at 343.

という非常に重要な利益を促進するための，入学選考における狭く限られた人種の利用を禁止しない。したがって，原告の Title VI と 42 U.S.C. §1981 に基づく訴えも，認められない。

4 個別意見

①ギンズバーグ同意意見

ギンズバーグ裁判官は，相対多数意見が 25 年の期限を付した部分に疑義を呈している。

ギンズバーグ裁判官によれば今も人種的偏見や階級差別，公的教育におけるリソースの格差は残っている。今日の時点で，次世代で非差別や真に平等な機会に向けての改善がなされ，アファーマティブ・アクションを終わらせることが安全になると，希望をもつことはできてても予想はできない[7]。

②スカリア一部同意一部反対意見

スカリア裁判官によれば[8]，ロー・スクールが主張し，法廷意見が是認した教育的利益と称しているものは，あらゆる社会生活の場面で教えられる法教育でなく人生のレッスンで，ロー・スクールや公教育の場面で特に（uniquely）教えられるようなものではない。また，州の教育機関における人種的優遇が明快に違憲であるか，合憲であるという憲法判断ではない本判決は，論争と訴訟を引き起こすことが懸念される。

③トマス一部同意一部反対意見

トマス裁判官は，黒人は大学の優遇措置なしに，アメリカにおけるすべての生活において達成をみることができる，と主張する[9]。トマス裁判官は，何が厳格審査を満たす非常に重要な利益とみなされるか，という点について詳細に検討し，無政府主義者や暴力に対して州が防護をしなければならないような場合のみが，差し迫った公共の必要性（pressing public necessity）であるとし[10]，ロー・スクールの人種的区分の利用は違憲であるとした。

④レーンクイスト反対意見

レーンクイスト裁判官は，ロー・スクールのとる手段は，主張する目的に対し狭く限られていない。「相当の数」のベールを取り去れば，当該プログラムは人種バ

---

7) Id. at 344 (Ginsburg, J., concurring).
8) Id. at 346 (Scalia, J., concurring in part, dissenting in part).
9) Id. at 350 (Thomas, J., concurring in part, dissenting in part).
10) Id. at 355.

ランスを達成するための努力にほかならない，とした[11]。
⑤ケネディ反対意見
ケネディ裁判官も，手段を問題にするほか[12]，法廷意見が厳格審査のもとで詳細な分析を行わなかったことが，ロー・スクールが，人種中立的な手段を開拓し，より憲法適合的なマイノリティーの入学選考制度を選択することを妨げる[13]としている。

3 検 討

本判決の意義は，まず，長年議論の的で，下級審も割れていた *Bakke* 判決の先例としての位置づけを明確にしたことにある。*Bakke* 判決にそって，同日の *Gratz* 事件[14]では，より多くの学生を選考するため，総ポイント 150 のポイント制を採用し，人種的マイノリティーの学生に一律 20 ポイントを加算したミシガン大学の学部レベルの入学選考制度が，個別の考慮を欠くとして手段の点で違憲とされた。

また，修正 14 条の平等保護条項のもとで *Croson* 事件[15]が，合憲性審査基準として，人種優遇策にもほかの差別事件と一律に厳格審査が適用されるとし，同時に，救済目的の人種優遇策の場合に要求される，過去に人種差別があったかについての挙証のレベルを引き上げた。修正 5 条の平等の要素のもとでも，*Adarand* 事件が人種優遇策にも一律厳格審査を適用すると判示した（基準は修正 14 条と同一）。本件は，これを先例に厳格審査を採用したが，一旦適用されたら違憲の結論に結びつくと考えられていた厳格審査が，事件の背景を考慮し柔軟に運用されうることを示した。実際の適用で，ロー・スクールの教育的判断に対する「謙譲」が示されたことは，驚きをもってみられた。

また，法廷意見が人種優遇策には時限が必要だとし，25 年後には人種的優遇が必

---

11) *Id.* at 379 (Rehnquist, J., dissenting).
12) *Id.* at 386 (Kennedy, J., dissenting).
13) *Id.* at 394. なお，*Grutter* 事件の詳細につき，拙稿「高等教育におけるアファーマティブ・アクション」関東学院法学 13 巻 3 号（2003 年）49 頁参照。
14) Gratz v. Bollinger, 539 U. S. 244 (2003). 詳細について，拙稿「高等教育におけるアファーマティブ・アクション」注 13）。
15) City of Richmond v. J. A. Croson Co., 488 U. S. 469 (1989). 中川徹「マイノリティの建設請負業者に一定割合の契約額を保留する市条例にもとづくアファーマティブ・アクションが平等保護条項に違反するとされた事例—City of Richmond v. J. A. Croson Co., 109 S. Ct. 706 (1989)」［1990-2］アメリカ法 335 頁。

要でなくなることを期待する，とした部分は，その後繰り返し引用され，憲法的に許容されうる優遇策の基準としての影響力をもった。

 Grutter 事件は上記の点でランドマーク・ケースとされるが，同時にその位置づけは非常にもろい。5 対 4 の判断である。その後，最高裁の構成が変化した，後続の *PICS* 事件[16]も，*Grutter* 事件の射程を狭めるとみられる等の理由である。本件の法廷意見は，人種中立的な代替手段を検討し斥けたが，*PICS* 事件では人種中立的手段を原則とする立場が判例になる。

 ロー・スクールのかかげる「多様な学生集団の達成」は，理論的にマイノリティーの地位向上に直結しないが，*Bakke* 判決から一貫して，実際には救済施策だとの見方が拭えない[17]。その面では，アフリカ系の大統領が誕生し，Post Racism が標榜されても，アフリカ系市民の地位が相当向上したとはいえ人種差別の影響が払拭されたわけではないという背景がある[18]。

＊初出──「高等教育におけるアファーマティブ・アクション」関東学院法学 13 巻 3 号（2003 年）49 頁，「人種優遇策（アファーマティブ・アクション）」アメリカ法判例百選（2012 年）84 頁

---

16) Parents Involved in Community Schools v. Seattle School District No. 1, 551 U. S. 701 (2007).
17) 「多様性」をめぐる議論の詳細につき，拙稿「多様性──The Diversity」関東学院法学 14 巻 3・4 号（2005）271 頁。
18) 2014 年 8 月には，ミシシッピ州で，住宅街を歩いていた 10 代のアフリカ系少年が射殺され，暴動に発展し，戒厳令が敷かれ，軍隊が出動した。アメリカ社会における人種差別の根深さを示唆する事件と認識されている。http://www.nytimes.com/interactive/2014/08/12/us/13police-shooting-of-black-teenager-michael-brown.html?module=Search&mabReward=relbias%3Aw%2C%7B%222%22%3A%22RI%3A18%22%7D#/#time348_10395（最終閲覧 2014 年 11 月 16 日）。なお，*Grutter* 事件につき，紙谷・前掲注 1）53 頁参照。

第 9 章
初等中等教育の就学指定等における人種的考慮の合憲性— *PICS* 判決

Grutter 判決で，アファーマティブ・アクションが合憲とされたことは，リベラルを驚喜させた。*Grutter* 判決の，「多様な学生集団の達成」に新しい広い意義を付与した理由付けを，初等教育にも拡大し，教育における多様性の利益をもっと早い段階で得られるようにしようという動きがみられたが，後続の *PICS* (Parents Involved in Community Schools v. Seattle School District No. 1, (2007))[1]判決は，そのような動きを速やかに押さえるものであった。

1 事　実

本件は，2 つの事件が併合されたものである。

事件 1：シアトル学区 No. 1 (Seattle) は，10 の高校を運営していた。高校入学希望者は，どの学校にでも，希望順位をつけて応募することができたが，入学希望者が多かった場合には，学区 No. 1 は，一連の決定システムを用いたが，始めに，兄弟が通学しているか，次に，学校の人種構成と生徒の人種を考慮した。生徒の 41% は白人，59% はその他の人種グループであったが，生徒の人種構成が，学区の白人と非白人の人種バランスの 10% 以内でない場合「積極的な人種統合が求められる (integration positive)」とされ，人種バランスに資する学生を選ぶ決定システムが働いた。次に，地理的近接が考慮された。

シアトルは人種別学を実施したことはなく，裁判所に人種統合を命じられたこともなかったが，学区 No. 1 は，自主的に，人種によって特定される居住パターンと取り組むために，人種を用いた決定システムを導入していた。

原告 Parents Involved in Community Schools (Parents Involved) は，人種によ

---

1) Parents Involved in Community Schools v. Seattle School District No. 1, 551 U. S. 701 (2007).

って選択を拒否されたか，拒否された可能性のある生徒の親による非営利団体で，修正14条，1964年公民権法第6編[2]，ワシントン州公民権法[3]の侵害を訴えて，連邦地方裁判所に訴訟を提起した。

地裁は，決定システムは州法に違反せず，修正14条の下で厳格審査を通過するとの認識で，summary judgementで学区を勝訴させた。第9巡回区控訴裁判所は，州法（アファーマティブ・アクション禁止法）に違反するとして差し戻し，決定システムの利用を差し止めたが，2002年～2003年の生徒の就学指定に間に合わないとの認識で，判決を撤回し，差止めを無効にし，州法の問題を，ワシントン州最高裁に付した。ワシントン州最高裁は，立法は優遇措置のみを禁じ，人種中立的なプログラムは，州法に違反しないとして，第9控訴裁に事件を戻した。第9控訴裁は，人種の多様性の達成と，人種的孤立を防ぐことは非常に重要な政府利益であるが，手段が充分に狭く限られていないとして，再び事件を差し戻した。しかし，第9控訴裁は，再弁論（rehearing）を認め，全員法廷で判決を覆し，地裁の判断を是認した。

事件2：ジェファソン郡公立学校は，ケンタッキー州ルイヴィルの学校システムを運営しているが，1973年に，人種分離システムを運営していると連邦裁判所に認定され，1975年に連邦地裁が人種分離解消を命じる判決（decree）を下した。2000年に，地裁は判決を解除した。ジェファソン郡公立学校は，2001年に自主的な人種分離解消のための就学指定プランを採用した。生徒の約34％はアフリカ系，約61％は白人であった。プランの下では，マグネット・スクール[4]でない学校は，最低15％，最大50％のアフリカ系の生徒を就学させることを要求していた。初等教育レベルでは，生徒は住所によって，ある地域に属する近接した学校（resides school）に指定されるが，幾つかの学校が人種的統合のためにグループ化されていた。幼稚園の子ども，1年生，新しく転入する子どもの親は，グループ内の学校に応募してよく，応募しなかった子どもは，グループ内の学校に，空きと人種ガイド

---

2) Title Ⅳ of the Civil Rights Act of 1964, 42 U.S.C. §2000d (1964). 連邦の補助金を受けたプログラムや活動は，差別に従事してはならない，とする。
3) Washington Civil Rights Act, Wash. Rev. Code §49. 60. 400 (1) (2006). イニシャティブで可決されたアファーマティブ・アクション禁止法。「州は，いかなる個人やグループに対しても，人種，性別，肌の色，民族，（祖先の）国籍を理由に，公的雇用，公教育，又は政府契約（public contracting）において，差別したり，優遇措置を認めたりしてはならない」と定める。
4) すぐれた設備や特徴的な教育課程をもち，通学区域にとらわれず通学することができる公立校。人種差別解消のために導入された。

ラインを考慮して就学指定された。ガイドラインぎりぎりに達すると，人種バランスを崩すような生徒は，その学校には受け入れられなかった。いったん就学指定されると，すべての学年の生徒が，マグネット・スクールではない学校間での転校に応募することができた。転校には様々な理由が認められていたが，空きがなかったり，人種ガイドラインに基づいたりして，拒否されることがあった。

原告は，2002年8月に学区に転入し，息子を小学校に入れようとしたが，近所の学校には空きがなく，離れた学校に就学指定された。原告は，異なるグループの学校への転校に応募した。空きがあり，グループを越えた転校も認められたが，息子の編入は，「当該学校が人種差別解消の要求に従うことに反する影響がある」とされ，認められなかった。原告は，修正14条侵害を訴えて，既に他の親が提起していた訴訟に加わった。連邦地裁は，ジェファソン郡公立学校には，人種的に多様な学校を維持するという非常に重要な政府利益があり，手段も狭く限られているとして就学指定プランは厳格審査を通過すると判断した。第6控訴裁は，地裁の理由付けに依拠し，独自の意見を付さずに地裁判決を是認した。

いずれの事件にも，移送令状の発給が認められた。

2 判　旨

ロバーツ（J. G. Roberts, Jr）長官が一部法廷意見（ケネディ（A. M. Kennedy），スカリア（A. Scalia），トマス（C. Thomas），アリトウ（A. Alito, Jr.）裁判官が同調），一部相対多数意見（スカリア，トマス，アリトウ裁判官が同調）を執筆した。

本件には，トマス裁判官による同意意見が付され，スティーブンス（J. P. Stevens），ブライア裁判官（スティーブンス，スータ（D. H. Souter），ギンズバーグ（R. B. Ginsburg）裁判官が同調）による反対意見が付されている。法廷意見は以下のように述べる。

1 法廷意見

高等教育における学生集団の多様性を厳格審査を満たす非常に重要な目的であるとした *Grutter* 判決[5]は，本件の先例ではない。本件の自主的人種統合は，人種バランスのみを目的とし，代替的に人種中立的な手段を考慮したという証拠もなく，違憲である。

---

5) Grutter v. Bollinger, 539 U. S. 306, 326 (2003).

（ⅰ）原告は，当事者適格を有する。Parents Involvedのメンバーは，現在，何の害悪も被っていないが，小・中・高校生の子があり，害悪を被る可能性がある。また，不利な人種的偏見のあるシステムの中で競争を強いられる害悪があり得る。シアトルの決定システム利用の自主的な中止は，事件をmootにしない。ジェファソン郡では，原告の息子は転校が認められたが，中学入学時に再び就学指定の影響を受け得る。

（ⅱ）人種的区分は，厳格審査に服する。先例は，厳格審査を満たす2つの目的を認める。第一に，過去の人種差別の影響からの救済である。シアトルは，過去に差別を行ったこともなく，裁判所の判決に服したこともない。ジェファソン郡は，1975年から裁判所の判決に服したが，2000年に，差別の影響は払拭されたと判断され，本訴でも，救済目的を主張していない。先例は，強制的人種差別解消プログラムが救済しようとする害は，差別に遡るものでなくてはならず，学校の人種的バランスが崩れているだけでは，憲法侵害を構成しないとしている。

第二の目的は，*Grutter*事件で認められた，高等教育における多様性（の達成）である。*Grutter*事件で非常に重要であると認められた利益は，高等教育の文脈における学生集団の多様性であった。また，多様性は人種だけに焦点を当てたものではなく，学生集団の多様性に貢献し得るすべての要因に広がっていた。*Grutter*事件の最高裁は，*Bakke*事件[6]のパウエル（L. F. Powell, Jr.）意見を引用して，多様性を形容している。また，問題になっていた入学選考プログラムは，特定の人種グループのメンバーであることに焦点が置かれたものではなく，*Grutter*事件で合憲とされた人種的区分は，「非常に個別化された全体論的な評価」の一部で，このことが非常に重要であった。

この事件では，人種は，ある生徒にとっては，決定的な要因である。シアトルは，生徒の選好にもよると主張するが，人種が考慮される場合には，それは，決定的である。このプランは個別の評価を行わず，非個別的な機械的な方法で人種的区分に依拠する。

また，これらのプランは，人種が考慮されるときには，限られた概念の多様性を採用するのみで，シアトルでは，人種を白人・非白人，ジェファソン郡では，黒人・その他という表現で排他的にみる。シアトルの「（教育）委員会による多様性を再確認する宣言」は，「学生に多様な生徒が就学する学校に通う機会を提供する」ことの，「内在する教育的価値」に言及するが，シアトルのプランでは，50％がアジ

---

6) Regents of the University of California v. Bakke, 438 U.S. 265 (1978).

ア系アメリカ人で，50％が白人，アフリカ系やネイティブ・アメリカン，ラティーノのいない学校はバランスがとれているとするのに，30％がアジア系アメリカ人で，25％がアフリカ系，25％がラティーノ，20％が白人の学校はそうではない。このようなことを許容するプランを，どうやって，広い多様性がある，とみることができるのだろう[7]。

　Grutter 事件の前には，控訴裁は，このような初等中等学校における人種に基づく就学指定を違憲としていたが，*Grutter* 事件後，この事件を含めて 2 控訴裁が，*Grutter* 判決に大きく依拠して，これを合憲とした。しかし，*Grutter* 事件では，裁判所は，「大学という環境と結びついた広範な表現と思想の自由，大学がわれわれの憲法的伝統の中で占める特別な地位」に照らすことを注記して，高等教育機関に対する独特な考慮に依拠した。厳格審査の適用に当たり，裁判所は，「文脈が問題である」ことを説明し，繰り返し，「高等教育の文脈での」人種の利用について判断していることを注記した。

　Grutter 事件の裁判所は，特定のタイプの広く基礎付けられた多様性を定義し，高等教育の独特の文脈を注記して，判決に，鍵となる限界を明示的に示した。しかし，これらの限界は，初等中等教育における人種に基づく就学指定を合憲とするために *Grutter* 判決を拡大した下級審によって大幅に無視された。*Grutter* 事件は，本件の先例ではない。

2 相対多数意見

　（ⅰ）　ロバーツ長官による相対多数意見によれば，*Grutter* 判決が本件を合憲とする根拠とならないことを認識してか，別の目的も主張されている。シアトルは，人種的区分の利用は，学校における人種集中を減少させる助けとなり，人種的に集中した居住パターンが，非白人の生徒が最も望ましい学校に就学することを妨げないようにする助けとなる，と主張する。ジェファソン郡も，生徒を「人種的に統合した環境で教育する」利益と述べて，似たような目的を主張している。そして，どちらも，人種的に多様な教育環境からくる，教育と広い社会的利益を議論し，追求する多様性が，*Grutter* 事件のように広いものでなく，人種的多様性であるから，人種のみに依拠することで直接にこの利益を促進することが道理にかなう，と主張する。そして，裁判所の友（amici curiae）とともに，人種的多様性が実際にテスト

---

[7] ブライア（S. G. Breyer）裁判官の反対意見に，シアトルの分類は，連邦の，Emergency School Aid Act（1978 年廃止）に添ったものである，同じような状況のマイノリティーをこのように扱うことには意味がある，という説明がみられる。

のスコアや他の客観的基準や，目に見えない社会的利益にとって，明白な効果を上げたかどうかを議論するが，それは，我々が解決する必要のある紛争ではない。（シアトルとジェファソン郡の）学区が用いた人種的区分は，人種的多様性からくるとされる教育的，社会的利益を達成するために，充分に狭く限られていない。目的と機能において，これらのプランは，人種バランスにのみ，純粋かつ単純に向けられているが，その目的は，裁判所が繰り返し正当ではないとしてきたものである。どちらのプランも，主張されている，教育的利益を得るための多様性のレベルについての教育学的概念よりも，それぞれの学区の特定の人種的人口統計に結び付いたものである。学区は，主張されている教育的利益を達成するために必要なレベルの人種的多様性が，偶然，それぞれの学区の人種の人口あるいは，プランが申し述べる唯一の多様性である，白人と非白人，又は，黒人とその他のバランスに結び付いているという，何らの証拠も提示しなかった。実際，シアトルはそのブリーフで，単に，教育的利益が学区の人種的分類と一致すると推定している。

　シアトルのエキスパートは，「生徒が，例外的であるというどのような種類の不安材料も持たないような充分な数（の生徒が）」いることが重要である，とした。学区は，（学区が定めた）レンジを越えることが「例外的であるという不安材料」を与えるという命題を正当化しようとしなかった。また，人種的多様性や人種的孤立を避けることの教育的・社会的利益が，シアトルで多様性があるとされている，50％が白人で50％がアジア系アメリカ人である学校で，シアトルでは人種的集中があるとされる30％がアジア系，25％がアフリカ系，25％がラティーノ，20％が白人である学校においてよりも達成されやすいのか，示さなかった。

　ジェファソン郡のエキスパートは，同じように，マイノリティー・グループが「違いを生じるために充分に見得る（visible）ように」「少なくとも20％の」マイノリティーグループの代表がいることの重要性に言及し，「学校では，小さい，孤立したマイノリティーのグループは，学校全体に強い影響を及ぼす可能性が少ない」と注記している。しかし，ジェファソン郡のプランは，それぞれの学校で「学区全体の平均的なアフリカ系アメリカ人の就学と等しいアフリカ系アメリカ人の就学」を複製するという目標に基づいている。

　Grutter 事件では，学校が入学を許可しようとしたマイノリティーの学生の数は，（数が）決まっていない，真に多様な学生集団を達成するに必要な「意味のある数」であった。裁判所は，ロー・スクールが応募者のプールから「意味のある数」を逆算したのではないと結論付けた。しかし，この事件では，学区が達成しようとする人種バランスは，各学区の人口にのみ照らして決定された幅である。主張されてい

る利益をもたらす多様性のレベルの提示から前向きに努めるのでなく，特定のタイプの人種的バランスを達成しようと後ろ向きに努めることは，我々の先例の下では，致命的な欠陥である。

最高裁は，何度も「人種的バランスは，それ自体としては達成されるべきものではない」と確認してきた。Grutter事件自体も，「あからさまな人種バランスは」「明らかに違憲である」と繰り返している。

人種バランスが，非常に重要な州の利益であると受け入れることは，我々が繰り返し「憲法の平等保護の核心には，政府は市民を個人として扱い，単なる，人種，宗教，性，（祖先の）国籍によるクラスの一員として扱ってはならない，という単純な命令がある」と認めてきたことに反して，アメリカ社会全体に人種による比率を課することを正当化するだろう。人種バランス自体を非常に重要な目的と認めることは，「人種がいつもアメリカ人の生活に関連すること，『政府の決定から人種のような無関係な要因を消し去る』という『終局的な目標』が決して達成されないことを効果的に保障する」。「様々な人種の比率に応じた代表以外の何にも関連しない」利益は，「始めに人種による視点を適当に混ぜ合わせることを達成しようとし，次に，そのような混合を（プログラムが）反映し続けることを確保しようとする，人種的区分の無限の利用を支持するだろう」。

人種的バランスの利用に「論理的な終点はない」という関心の正当性は，学区がその人種的ガイドラインを人口に結びつける程度によって，ここに示されている。学区の人口構成が変化すれば，その人種的多様性の定義も変化する。

第9控訴裁は，Grutter判決が述べた，25年のうちに人種による優遇がもはや必要なくなること，という「望みを分け持つ」とした。しかし，シアトルでは，プランは人種によって特定可能な居住パターンの結果と取り組むために必要である，として正当化されている。学区によって主張された，その命令による一掃（the sweep of the mandate）は，過去の社会的差別は，人種的関心のある政府の行為を正当化しない，という我々の判断に相反するものである。

人種バランスが許されないという原則は，実質的なものである。人種バランスは，単に「人種的多様性」とラベルを貼り替えることで，「明らかに違憲」なものから「非常に重要な政府利益」に変化するわけではない。学区は，それらが促進しようとする利益を，人種的多様性，人種的孤立を避ける，人種統合など，様々な言葉の形で描写するが，それらは（促進しようとする）利益が人種バランスと異なると示唆する，何らの利益の定義も示さない。

（ⅱ）　学区は，それぞれの人種的区分の利用の方法が目的の達成に必要であった

と主張する。しかし，人種的区分の影響が少ないことは，他の方法が効果的だったのではないかと示唆する。シアトルでは，3分の1の就学指定が人種による決定システムの影響を受けるものの，最終的に，希望する学校として挙げた学校に就学できないという悪影響を受けたのは，52人であった。ジェファソン郡でもこれは同じで，郡は，就学指定の3％だけが人種的ガイドラインの影響を受けると推定している。

より大幅な人種的区分の利用を勧めるわけではないが，学区の人種的区分の利用の影響が小さいことは，人種的区分を利用する必要性に疑いを投げかける。*Grutter*事件では，人種の考慮は，ロー・スクールにおけるマイノリティーの代表を3倍以上にし，欠くべからざるものと考えられた。しかし，ジェファソン郡は，「15％～50％の幅を維持する」ことを主張している。（公立学校で人種的区分を用いることを）正当化するためには，そのような明確な形のない目的以上のものが要る。

学区は，また，目的を達成するために，明示的な人種的区分以外の方法を考慮したことを示していない。手段が充分に狭く限られていることは，「真剣で，善意の，機能し得る人種中立的な代替手段の考慮」を要求する。シアトルでは，多くが明示的に人種を用いない，幾つかの就学指定プランが，あまり，又は全く考慮されずに拒否された。ジェファソン郡は，一義的にはその目的は人種的区分以外の方法で達成されると主張しはしたが，（人種中立的な）代案を考慮したという証拠を，何ら提示しなかった。

第6・第9控訴裁の判断を破棄する。

3 個別意見

①ケネディ同意意見

ケネディ裁判官は以下のように述べる。

（ⅰ）（法廷意見となった部分を除いて）長官の，平等保護条項の分析においても，歴史，意味，適用範囲に関する含意においても矛盾するように思える意見の残りの部分には参加することができない。

多様性は，その意味や定義によっては，学区が追求してよい非常に重要な教育目的になり得る。

（ⅱ）ジェファソン郡は，どのように，いつ人種的区分を用いるのか説明しているが，文言が広く不正確で，充分に狭く限られた方法で人種的区分を用いたのかどうかについての挙証に失敗している。シアトルは，なぜ，半分以下の数の生徒が「白人」と分類される多様な人種で構成された学区で，「白人」と「非白人」という

粗雑な人種的区分を就学指定の基礎としたのかについて説明を怠っており，そのプランが充分に狭く限られていることを示しておらず，厳格審査を満たさない。

（iii）　相対多数意見は，人種にかかわらず，すべての者が平等な機会を有することに政府が持つ正当な利益に対しあまりにそっけない。*Brown* 事件[8]から 50 年の経験は，我々の直面している問題が簡単な解決を許さないことを教えるはずである。学区は，*Brown* 判決の目的を達成するために，平等な教育機会を追求することができる。相対多数意見は，少なくとも，憲法が学区に対し事実上の（de facto）再分離の問題を無視することを要求しているという解釈については判断を示していない。私はそのような結論を是認できない。憲法が，州や地域の学校が，人種的孤立の現状（status quo）を受け入れねばならないと命じていると示唆する限りにおいて，相対多数意見は大きく誤っている。

もし学校当局が，ある学校の学生集団の構成が，平等な教育機会を生徒に与えるという目的に干渉すると危惧するなら，学校当局が，問題を解決するために，構造的，個人的な人種的タイプ分けによって生徒を異なった形で扱わない一般的な方法で，人種を考慮に入れた手段を用いるのは，自由である。戦略的な新しい学校の場所の選択や，学校区の線引き，特別なプログラムに予算を配分すること，生徒や教師を目標を定めたやり方で勧誘することなどがある。このような手段は，厳格審査を惹起しそうもない。しかし，それぞれの生徒を人種的区分による粗雑なシステムに従って就学させることは，全く異なることで，法的分析は，これに従って変わる。このような方法で用いられる個人の人種的区分は，それが非常に重要な利益を達成するための最後の手段である場合だけ，正当化される。

当該事件では，人種的区分の影響を受ける生徒（数）は限られており，これは，学校が，表面的には人種中立的な手段や，*Grutter* 事件のように，人種を要素として含み得る，より微細な差異のある，個別的な，学校の必要と生徒の特徴の評価を含む，別の手段によっても目的を達成できた可能性を示唆する。

（iv）　法廷意見の，本件での非常に重要な利益は，裁判所が認めた過去の差別の影響からの救済や，高等教育における多様性を増大させるという利益とは明確に区別されるという点は正しい。

救済のためのプログラムの合憲性を支持するために，裁判所は 2 つの重要な概念を排除するように求められている。

---

8) Brown v. Board of Education, 347 U.S. 483 (1954) (Brown I), Brown v. Board of Education, 349 U.S. 294 (1955) (Brown II).

始めに，法による差別と，事実上の差別の差が問題になる。第二に，個人を異なって扱うような州による人種的区分の利用は，無効と推定されている。

法的な悪は，最も改善が難しい。そのような悪からの救済のために，法によって分離されていた学区は，裁判所の監督の下でか，自主的な人種分離解消の努力によってか，個々の生徒や教員を人種に基づいて学校に振り分ける非常手段に訴えるほか，選択の余地がない。(しかし，) 当裁判所は，社会的差別のみが，人種的区分を正当化するのに充分だと判断したことはない。事実上の差別が問題になっているときには，救済のルールは異なる。少なくとも，ここには示されていない何らかの尋常でない挙証 (extraordinary showing) がなければ，州は，人種的区分と人種による個人の異なった取扱いの代替となる手段を追求せねばならない。

人種が問題なのならば，たぶん人種が解決になるというふうに，議論は進みがちであるが，そのような議論は，個人を区分することによる危険を無視している。一方で，人種を考慮し，個人の区分に基づく異なった取扱いに頼らない手段は，このような問題をより低い程度で提示する。

もし，これが平等保護条項の期待はずれの二重性なのであれば，それは，単に，我々の歴史と，ときに，自由の促進に反するように思われる我々の自由を促進する企ての二重性を反映している。憲法の下では，個人は，子どもでも大人でも，人種や肌の色に基づく区分を行う州に干渉されず，そのアイデンティティーを見いだし，自身の社会的人格 (persona) を定義することができる。

今日の判決は，学区が，異なった人種，民族，経済的背景の生徒を共に学ばせる (bringing together) という重要な仕事を続けることを妨げない。

公立学校を指導することを任された者は，蔓延する，人種的区分に基づいた政府による利益配分や負担に訴えることなく，彼らが直面している非常に重要な利益を達成するために，専門家，両親，行政官，その他，関心を抱く市民の創造性を用いることができる。

②トマス同意意見

トマス裁判官によれば，法廷意見の批判に加え，シアトルでもルイヴィルでも，人種の再分離は起こっておらず，学区は，過去の差別の救済についても非常に重要な利益を有さない。人種の不均衡は，人種の再分離ではない。また，反対意見の挙げた「統合」という利益は，非常に重要な利益とはいえない。本件のプランは厳格審査を満たさず，違憲である[9]。

---

9) *Id.* at 748 (Thomas, J. concurring).

③スティーブンス反対意見

スティーブン裁判官は、「*Brown* 事件と *Adarand* 事件の間に判断が下された事件を見るとき、各審査基準を厳格に固守することが、*Brown* 事件の明白なメッセージをいかにわかりにくくするかをみてとることができる[10]」「最高裁は1968年以来大きく変わった。最高裁は今日よりもっと *Brown* 事件に忠実で、先例を尊重していた。1975年に私が加わった最高裁のメンバーは、誰も今日の判断に加わらなかっただろうと固く信じる」としている[11]。

④ブライア同意意見

ブライア裁判官によれば、当該プランは、平等保護条項の要求を満たす。ブライア裁判官は、4つの理由を挙げる。第一に、ルイヴィルとシアトルの歴史が、複雑な状況と、長きにわたる学校教育委員会の、公立学校における人種分離に抗する真摯な努力の伝統を明らかにすることである。第二に、*Brown* 事件以来、法は、一貫して、明白に、学校における人種分離と戦うために、自主的あるいは強制的な人種を考慮した手段を承認してきたことである。第三に、当該事件は厳しい司法審査に服するが、非常に重要な利益に支えられ、手段は目的を達成するために、充分に狭く限られている。第四に、相対多数意見の分析は、国家の法に深刻な害悪をもたらす可能性がある。相対多数意見の法は、平等保護条項の文脈で、人種を考慮する基準を、排除するためのものか、包含するためのものかによって区別することの拒否に基づき、あるいは、そのような区別が実際的な重要性を失う「審査基準」の厳格な適用に基づく。結果として、最高裁の今日の判決は、地域の学校教育委員会による人種的に多様な学校の実現を遅らせ、逆行させる。

3 検　討

本件は、5対4の判決で、ロバーツ長官による法廷意見が、*Swann v. Charlotte-Mecklenburg Bd. of Ed.* (1971)[12]以来支持してきた初等中等教育における自主的な学校における人種統合を違憲としたことで、大きな衝撃をもたらした[13]。ただし、ケネディ同意意見が、人種中立的な手段を試みても効果がない場合、人種の区分を用いた人種統合を許容する見解を示したことから、なお、狭い範囲で、人種的区分

---

10) "If we look at cases decided during the interim between Brown and Adarand, we can see how a rigid adherence to tiers of scrutiny obscures Brown's clear message" 551 U.S. 701, 800 (Stevens, J. dissenting).
11) *Id.* at 803.

を用いた自主的な学校における人種統合は許容され得るとみられている[14]。

スティーブンス裁判官の反対意見[15]は，最高裁の保守化を深く嘆いている。

ブライア裁判官は，長大な反対意見を書き[16]，初等中等の公立学校が再分離に向かっていることを示すデータを添付書類（appendix）として付し，法廷意見を批判

---

12) Swann v. Charlotte-Mecklenburg Bd. of Ed., 402 U.S. 1 (1971) 以降の学校統合に関する先例は，人種別学の救済について，地裁の権限がどこまで及ぶのか，あるいは，いつ地裁の救済命令が終わるのかについて，積み重ねられてきた。Milliken v. Bradley, 418 U.S. 717 (1974), Milliken v. Bradley, 433 U.S. 267 (1977), Missouri v. Jenkins, 490 U.S. 33 (1990), Freeman v. Pitts, 503 U.S. 467 (1992), Missouri v. Jenkins, 515 U.S. 70 (1995). 紙谷雅子「公立学校における人種隔離廃止命令の終了──連邦裁判所のエクィティ上の救済権限の限界（Board of Education of Oklahoma City Public Schools v. Dowell, 111 S.Ct. 630 (1991))」ジュリ1025号（1993年）115頁，毛利透「公立学校における人種分離撤廃訴訟の部分的終了──Freeman v. Pitts, 112 S.Ct. 1430 (1992)」ジュリ1041号（1994年）101頁，藤倉皓一郎「Missouri v. Jenkins _U.S._, 115 S.Ct. 2038, 132 L.Ed.2d 63 (1995) 裁判所による人種別学解消措置の限界」同ほか編『英米判例百選〔第3版〕』（有斐閣，1996年）70頁，毛利透「Missouri v. Jenkins, 115 S.Ct. 2038 (1995)──公立学校の人種分離撤廃訴訟において裁判所が命じることのできる救済の範囲について，人種分離に責任のない郊外学区から白人生徒を引きつけるための命令は，裁判所の救済権限を越える；また，学区の生徒の成績平均自体の向上を救済の目標にすることはできない」アメリカ法［1996-2］（1997年）361頁を参照。

13) 本件について，藤倉皓一郎「Parents Involved in Community Schools v. Seattle School District No. 1; Meredith and McDonald v. Jefferson County Board on Education et al., _U.S._, 127 S.Ct. 2738 (2007)──教育委員会が生徒の就学校を決定するにあたって，人種を考慮することは合衆国憲法の平等条項に違反する。学区全体の人種構成を各学校に反映させようとする教委の方策は強い公益を達成する目的に適合した手段とはいえない」アメリカ法［2008-1］（2008年）132頁，藤井樹也「学校における人種統合とアファーマティブ・アクション（1）(2・完)──アメリカ連邦最高裁ロバーツ・コートの新たな動向」筑波ロー・ジャーナル2号（2007年）69頁，3号（2008年）161頁。

14) James E. Ryan, *The Supreme Court, 2006 Term: Comment: The Supreme Court and Voluntary Integration*, 121 Harv. L. Rev. 131 (2007).

15) 551 US 701, 798 (Stevens, J. dissenting).

16) *Id.* (Breyer, J. dissenting). ブライア裁判官は，判決の際，反対意見をベンチから読み上げた。個別意見は2006-2007年開廷期には7件読み上げられたが，「法廷意見が誤っているだけでなく，ゆゆしい誤導である」と反対者がみなした場合のみ行われる。また，過去13の開廷期に6件のみ個別意見が読み上げられ，同じ開廷期に2度読み上げられたことはなかったとされる。See, Ruth Bader Ginsburg, *Dissent Is An 'Appeal' for The Future*, 32 AK Bar Rag 1 (2008).

している（スティーブンス，スータ，ギンズバーグ裁判官が同調）。

　本件における主な問題は，Adarand事件がアファーマティブ・アクションを含め，すべての人種事件に適用すると宣言した厳格審査を，いかに運用すべきか，である。ちなみに，本件は，ブライア裁判官によれば，ものやサービスで，通常はメリットに基づいて配分され供給の少ないものを誰が受け取るかの問題ではないため[17]，アファーマティブ・アクションの問題ではないとされる。

　まず，目的について，①初等中等教育における多様性は，非常に重要な利益たり得るか（Grutter事件のように，多様性が非常に重要な利益と認められるのは，高等教育に限られるか），②法的差別と事実上の差別を区別し得るか（救済目的の基礎となる挙証について）が問題となる。このうち，①については，ロバーツ裁判官による法廷意見は，Grutter事件が高等教育の文脈での判断であることを強調したことから，初等中等教育に関する本件の先例ではないとした。これについては，Grutter判決が描写したような多様性の効果は，むしろ初等中等教育においてより見込めることから，Grutter判決の射程を限定し，下級審が是認しようとしたような多様性を理由とした人種統合の広がりを抑止するための便宜的なものであるという感が否めない。ロバーツ意見は，また，学区の人種統合の努力を，単なる人種バランスを達成しようとする違憲なもの，と断じた。②については，Bakke事件以来の判決が，法的な差別ではない，単なる社会的な差別は自主的救済の基礎にならないとしてきた。しかし，ブライア裁判官は，初等中等教育における，公的・私的な差別やその解消の公的・私的な努力が入り乱れる歴史を示して，これらが厳然と分け得ないことを正面から論じている[18]。また，裁判所命令の下で実施されてきた人種統合の努力が，いったん裁判所が差別が解消されたと宣言すれば，その時点から違憲になるのは不都合だという指摘もある[19]。

　手段の点では，法廷意見は，①人種的区分の利用の影響が小さいことから，人種的区分を利用する必要性が疑問だ，②人種中立的な代案を検討しなかった，とし，手段が狭く限られていなかったと判断した。②について，先に人種中立的な手段の利用を検討することを要求する議論は下級審でなされていたが，法廷意見は初めてこれをルールとして取り上げた。ケネディ同意意見[20]は，表面的に中立的な手段を

---

17) Id. at 834. 誰もが，基本的には同じカリキュラムの学校に就学指定されるため。
18) Id. at 806 (Breyer, J. dissenting).
19) Jonathan Fischbach, Will Rhee, and Robert Cacace, *Race at the Pivot Point: The Future of Race-Based Policies to Remedy De Jure Segregation After Parents Involved in Community Schools*, 43 Harv. C. R.-C. L. L. Rev. 491 (2008).

用いても効果がなく，非常に重要な利益を達成するための最後の手段である場合だけ，人種を用いた区分の利用が正当化される，とした。評釈は，ケネディ意見を，平等保護の問題を生じない中立的手段の利用を勧める点，人種的区分の利用を狭い範囲で是認する点で評価する[21]。ただし，対象の拡大する中立的手段は，もってまわったやり方であり，効果も薄くなる。また，中立的手段に効果があったのかどうかは，測りにくいはずである。*Croson* 事件[22]では，人種的区分の利用に強く反対するスカリア意見が，貧困などの人種中立的な区分を代替として利用するよう示唆していた。ケネディ意見の立場は，今後の動向によっては，人種的区分の利用ができなくなる結果を招く可能性もあることに注意が必要である[23]。

本件の法廷意見・相対多数意見は，平等保護条項が人種中立的であるという立場を前面に押し出し[24]，人種統合の努力がこれに反するもの，あるいは，非常に例外的なものとみなした。トマス同意意見[25]は，反対意見は肌の色に関わらない憲法 (the color-blind Constitution) を拒否し[26]，人種統合と，人種分離を目的とする人種的区分を異なるものとしてとらえると批判する。こうした人種中立的な解釈を強く支持する[27]，あるいはケネディ意見のように一定の支持をする議論も多い。肌の色に関わらない憲法という文言を最初に用いたのは，人種分離を定めたルイジアナ州法を違憲だと主張した，*Plessy v. Ferguson*[28]のハーラン反対意見であり，アフリカ系の保護という観点からは，肌の色に関わらない，という言葉は，全く逆の文脈

---

20) *Id.* at 782 (Kennedy, J. concurring).
21) Ryan, *supra* note 11. ケネディ裁判官は，オコナ裁判官退任後のこの分野の新たなスイング・ボートになり得るとされる。See, Heather K. Gerken, *The Supreme Court, 2006 Term: Comment: Justice Kennedy and The Domains of Equal Protection*, 121 Harv. L. Rev. 104 (2007).
22) 488 U. S. 469, 526 (1989) (Scalia, J. concurring).
23) 藤井・前掲注9) 3号181頁参照。
24) 551 U. S. 701, 748 「人種に基づく差別を止める方法は，人種に基づいて区別することを止めることである（The way to stop discrimination on the basis of race is to stop discriminating on the basis of race）」。
25) *Id.* at 748 (Thomas, J. concurring).
26) *Id.* at 722.
27) Richard A. Epstein, *A Rational Basis for Affirmative Action: A Shaky But Classical Liberal Defense*, 100 Mich. L. Rev. 2036 (2002). J. Harvie Wilkinson III, *The Supreme Court, 2006 Term: Comment: The Seattle and Louisville School Cases: There Is No Other Way*, 121 Harv. L. Rev. 158 (2007).
28) 163 U. S. 537 (1896).

で使われている。

　この背景には，人種差別が一定の改善をみたという認識がある。2009年1月には，初の「アフリカ系」大統領が，人種を越えた支持を得て誕生した。しかし，教育，雇用など，いまだに残された課題は多く，平等保護条項が，その役割の大きな部分を果たし終えたと見るのは，楽観的であろう。アフリカ系以外の人種的マイノリティーに対する取組も，なされ続けている[29]。また，教育のコンテキストでは，人種統合のために子どもが遠くの学校へ通うなどの負担が懸念され，あるいは，人種統合が子どもの心理に与える効用が疑問視され，関心が学力の向上に移っていることが背景として指摘される[30]。ブライア裁判官が取り上げたデータが示すような人種の再分離がアメリカ社会に与える影響は明確ではなく，本件の実際の影響も限られるわけだが，なお学区の問題意識や自主的な統合の努力を支持しないメッセージを法廷意見・相対多数意見が送ったことは懸念される。

　平等保護条項は，権力構造の中で侵害される人権を守ろうとするがゆえに，その解釈が権力構造の影響を受けやすく，マイノリティー（に属する者）にとっての問題を取り上げにくくする方向に流れやすい[31]。「人種中立的な」平等保護条項の解釈，本件では，つまり，厳格審査の厳格な運用は，なお，人種差別的な政府行為を違憲にすることはできるが，この条項が扱おうとしている，差別が生む害悪という問題に取り組むことができない事態を生じる。社会科学的データをそのまま根拠とすることにも疑問があるが[32]，かといって，憲法が調整すべき問題の実態を見ず，判断の客観性，判決の一貫性のために採用された基準に限界があることを忘れるとした

---

29) 人口比率の高いラティーノや，太平洋諸島の出身者など，多くのマイノリティーが問題を抱える。*See, eg.,* Khin Mai Aung and Christina Mei-Yue Wong, *Advancing Diverse Learning for Asian Pacific Islanders,* 15 ASIAN AM. L. J. 205 (2008).

30) ジェイムス＝フォアマン Jr.（浅田訓永訳）「学校における人種統合の意義―Brown判決から Parents Involved 判決まで」アメリカ法［2009-I］（近刊），藤倉・前掲注9）138頁。

31) Reva B. Siegel, *Symposium: Brown At Fifty: Equality Talk: Antisubordination and Anticlassification Values in Constitutional Struggles over Brown,* 117 HARV. L. REV. 1470 (2004). *See,* Owen M. Fiss, *Groups and the Equal Protection Clause,* 5 PHIL. & PUB. AFF. 104 (1976), Owen M. Fiss, *Affirmative Action as a Strategy of Justice,* 17 Phil. & Pub. Pol'y 37, 38 (1997). *See also,* EDUARDO BONILLA-SILVA, RACISM WITHOUT RACISTS (2003).

32) 社会科学における問題解決と，法における救済は異なる。*See,* Anne Richardson Oakes, *From Pedagogical Sociology to Constitutional Adjudication: The Meaning of Desegregation in Social Schience Research and Law,* 14 MICH. J. RACE & L. 61 (2008).

ら，危険な傾向である。

　いったい，「中立的な」平等保護，あるいは平等権保護理論というものがあり得るのかどうか，解釈や合憲性審査基準，基準の運用を再検討してみる必要がある。

　　＊初出――「憲法訴訟研究会（第132回）学校における人種差別撤廃の最近の動向――Parents Involved in Community Schools v. Seattle School District No. 1, 127 S. Ct. 2738（2007）」ジュリスト1375号（2009年）119頁

第 10 章
厳格審査の運用の厳格化—*Fisher* 判決

　Fisher v. University of Texas at Austin（2013）[1]は，*Grutter* 判決からちょうど10年後に出された，テキサス大学オースティン校の，人種を考慮する入学選考プログラムの合憲性が問われた事案である。

　連邦最高裁は，*Grutter* よりも厳しい厳格審査の運用を示唆して，破棄差戻しの判断をした。

　本件の争点は，大学入学選考における人種的考慮は，修正14条に違反するか，ということであったが，最高裁は，これには直接答えなかった。最高裁の判断は，控訴裁は，厳格審査の正しい基準を適用せず，大学に，厳格審査の挙証責任を果たさせなかった。そのため，地裁の大学勝訴の summary judgment を支持する控訴裁の判断は，誤りである，というものである。

　大学の入学選考におけるアファーマティブ・アクションが，メンバーの入れ替わりによって保守化した最高裁によって，今度こそ違憲とされるのではとおそれ，あるいは期待していたむきには，「肩すかし」となる判決であった。

　本件には，直接的に，大学の入学選考におけるアファーマティブ・アクションを終結させる効果はない。とはいえ，さらにアファーマティブ・アクションへの風当たりがより厳しくなっていることを感じさせるには充分であった。

1　事　　実

　テキサス大学オースティン校は，テキサス州立大学システムの最も有名なキャンパスにあり，アメリカの高等教育をリードする機関の1つである。入学選考での競争は激しく，上告人が2008年に入学許可を求めたとき，29,501人の応募者があり，このうち12,843人が入学を許可され，6,715人が入学した。上告人は，入学を拒否

---

1) Fisher v. University of Texas at Austin, 133 S. Ct. 2411 (2013).

された。

　近年，大学は，入学許可を与える候補者を評価するのに，3つの異なるプログラムを用いた。第一の，1997年以前に数年間用いられたプログラムでは，大学は，応募者のテストのスコアと高校での学業成績を反映した数的スコア（アカデミック・インデックス，以下AI）と，応募者の人種の2つの要素を考慮した。1996年，このプログラムは第5巡回区連邦控訴裁判所で違憲と判断された。*Hopwood*判決は[2]，大学が人種を考慮することは，なんらの非常に重要な政府利益をも促進せず，修正14条の平等保護条項侵害であるとした。

　第二のプログラムは，*Hopwood*判決に従うために採用された。大学は，入学選考で人種を考慮するのを止め，かわりに，AIと連結して用いられる，候補者の大学への貢献の可能性についての新しい全体論的な測定基準（holistic metric）を採用した。この，パーソナル・アチーブメント・インデックス（以下PAI）は，学生のリーダーシップ，職業経験，賞，教科外の活動，地域サービス，及び学生のバックグラウンドを洞察することのできるその他の特別の事情を測るものであった。これらは，片親の家庭で成長したこと，家庭で英語以外の言語を話すこと，重大な家庭責任を担っていること，及び，学生の家族の一般的な社会経済的な条件を含むものだった。大学はまた，*Hopwood*判決ののちの，マイノリティーの入学の減少に取り組むため，アウトリーチ・プログラムを拡大した。

　テキサス州の立法府も，*Hopwood*判決に応答した。立法府は，トップ10%法を立法した[3]。トップ10%法は，一定の基準に服するテキサス州の高校の学年でトップ10%に入るすべての生徒に，当該大学を含め，州のどんな公立大学にでも自動的に入学を認める。

　大学の改正された入学選考プロセスは，トップ10%法の実施と連結して，大学により人種的に多様な環境を作り出す結果となった。この事件で問題になっているプログラムが採用される以前，人種を考慮しない*Hopwood*判決後のAI/PAI制度のもとでの最後の年，入学者は，アフリカ系アメリカ人が4.5%，16.9%がヒスパニックだった。これは，1996年の*Hopwood*事件以前，トップ10%法以前の，人種が明示的に考慮された制度で，4.1%がアフリカ系アメリカ人で，14.5%がヒスパニックだったことと対比される。

　連邦最高裁判所の*Grutter*判決[4]，*Gratz*判決[5]に従って，2004年に大学は，本件

---

[2] Hopwood v. Texas, 78 F. 3d 932, 955 (1996).
[3] Tex. Educ. Code Ann. §51. 803 (West 2009) またはH. B. 588.
[4] Grutter v. Bollinger, 539 U. S. 306, 326 (2003).

で問題になった第3の入学選考プログラムを採用した。このプログラムでは，大学は明示的な人種の考慮を復活させた。*Grutter*判決では，連邦最高裁は，それぞれの候補者の総合的（overall）な個人の貢献を考慮する入学選考プログラムの中での，多くの「プラスの要素」の中の1つとしての人種〔という区分〕の利用を合憲とした。これに対して，*Gratz*判決では，最高裁はミシガン大学の大学レベルの，ある人種的マイノリティーの応募者に自動的にポイントを与える入学選考プログラムを違憲と判断した。

人種を考慮した入学選考を復活させようという大学の計画は，2004年6月に，人種と民族性を入学選考で考慮する提案（以下，提案）と題された内部文書において，正式に表明された。提案は，5人から24人の学生のいる大学レベルのクラスの部分集合（subset）についての研究に大きく依拠し[6]，加えて，学生からの「教室における相互作用」に関する「逸話的な」レポートと呼ばれるものに依拠していた。提案は，大学が「充分な数」のマイノリティーの学生を欠き，そして，この欠陥を治癒するために，大学レベルの入学選考プログラムで，人種の明示的な考慮を行う必要があると結論づけていた。

提案を実行するために，大学は，2004年の秋の応募者から，人種を，PAIスコアの構成要素に含めた。大学は，学生に，自身をアプリケーションにあらかじめ定義された5つの人種カテゴリーの中から分類するよう依頼していた。人種は明示的な数的価値を割り当てられていなかったが，人種が意味のある要素だということには議論の余地がなかった。

いったんアプリケーションが数値化されたら，それは，AIをX軸に，PAIをY軸にしたマス目に記された。そのマス目の上で，学生は，個別のスコアに基づき，いわゆるセル（1マス）に割り振られた。あるラインより上のセルのすべての学生は入学を許可された。ある線より下のすべての学生は入学を許可されなかった。リベラル・アーツやエンジニアリングなどのそれぞれのカレッジは，別々に学生に入学許可を与えていた。そのため，学生は，まず，第一志望のカレッジ，次に，第二志望のカレッジ，そして，最後に，専攻が宣言されていない一般の入学許可のために考慮された。

上告人は，大学の2008年に入学するクラスに応募し，拒否されたため，大学と，大学関係者に対し，大学が人種を考慮することは，平等保護条項を侵害すると主張し

---

5) Gratz v. Bollinger, 539 U.S. 244 (2003).
6) これらのクラスのうち，人種的マイノリティーが相当数いたクラスはほとんどなかったことが示されている。

て，連邦地方裁判所に宣言的判決と injunction による救済を求めて[7]訴訟を提起した。当事者双方が，summary judgment を申し立て，地裁は大学勝訴の summary judgment を下した。控訴裁は地裁の判断を是認した。

7人の裁判官の反対意見にもかかわらず，控訴裁は，上告人の，再ヒヤリングの申し立てを拒否した。上告人は，連邦移送令状の発給を申し立て，これが認められた。

2　判　旨

ケネディ（A. M. Kennedy）裁判官が，法廷意見を執筆した。〔ロバーツ（J. G. Roberts, Jr.），スカリア（A. Scalia），トマス（C. Thomas），ブライア（S. G. Breyer），アリトウ（S. A. Alito, Jr.），ソトマイヨール（S. Sotomayor）同調〕

本件には，スカリア同意意見，トマス同意意見，ギンズバーグ（R. B. Ginsburg）反対意見が付されている。ケイガン（E. Kagan）裁判官は，訴務長官であったとき，本件の控訴審のために，裁判所の友としてブリーフを提出し，実質的に関与していたため，本件を回避し，審理に参加しなかった。法廷意見は以下のように述べる。

❶ 法廷意見

当事者らは，連邦最高裁に，下級審の判断が「当裁判所の，修正14条の解釈を示した，*Grutter* 判決を含む諸判決に沿ったものであるかどうか」を問うている。

（ⅰ）教育における人種的区分〔の利用〕についての最高裁の事件のうち，大学の入学選考において，より多様な学生集団による教育的利益を達成するという目的で，人種的マイノリティーであることを積極的な，または有利な要素として考慮したという問題について，直接判断を下した3つの判決がある。これらの事件を本件の前提とする。

Bakke 判決[8]では，最高裁は，カリフォルニア大学デイビス校のメディカル・スクールによって用いられた制度を審査した。デイビス校は，100人の入学者枠のうち，16人の枠をマイノリティーの応募者のために留保していた。このプログラムが平等保護条項のもとで許容できないと判断する中で，パウエル（L. F. Powell, Jr.）裁判官の意見は，いくつかの基本的な前提を述べている。まず，「州立大学の学部

---

7) Fisher v. University of Texas, 645 F. Supp. 2d 587, 590 (2009).
8) Regents of the University of California v. Bakke, 438 U. S. 265 (1978).

教授陣や事務局による人種または民族的起源に基づく判断は，修正14条のもとで審査しうる」（個別意見）。平等保護の原則は，「一方に与えられる保護の度合いよりも大きな保護の度合いが与えられる特別な保護（ward）を認めることを許容する」ような「『2つのクラスの理論』の人工的な線引き」を許容しない。そのため，入試における人種優遇の制度が善意のもののようにみえるかもしれないことは無関係である。政府の決定が「個人の人種または民族的背景に触れるとき，彼はそのような理由に基づいて彼が負うことを求められた負担が非常に重要な政府利益を促進するよう正確に限られているかどうかについての司法的決定をうける権利がある」ため，どんな人種的区分も，厳格審査を満たさねばならない。

次に，パウエル裁判官は，人種を考慮することを正当化しうる1つの非常に重要な利益を認定した。多様な学生集団からくる教育的利益に対する政府利益である。大学の「教育に関する広い使命」は，救済のための人種的区分を正当化するのに必要な「憲法または法律の侵害に関する司法的，立法的，行政的判断」をなすことと両立しないため，過去の差別の救済は，非常に重要な利益とされなかった。

多様性のある学生集団の達成は，これに対して，人種だけではない価値に仕える。クラスルームでの会話を促進し，人種的孤立とステレオタイプを減少させる。大学の学問的使命は，「修正第1条の特別の関心事」である。「大学の業務」の一部は，「思索や，実験，創造に最も貢献する空気を提供することである」。[9]

パウエル裁判官の意見の中心的な要点は，しかし，多様性の利益に対するこの政府利益は，許容される目的ではあるが，複合的（complex）だということであった。「それは，学生集団の特定のパーセンテージが結果として選ばれた民族グループのメンバーに保障され，残りのパーセンテージが相違点のない学生の集合であるというような，単純な民族的多様性に関する利益ではない。非常に重要な州の利益を促進する多様性は，人種や民族的起源が1つの，しかし重要な要素でしかない，はるかに広い範囲（array）の資格や特性に広がる。」

Gratz 判決，*Grutter* 判決では，連邦最高裁は，パウエル裁判官によって述べられた規範を裏書きした。*Grutter* 判決では，連邦最高裁は，パウエル裁判官の，「学生集団の多様性」の教育的利益を得ることは，「大学の入学選考における人種の利用を正当化しうる非常に重要な州利益である」という結論を再確認した。

Gratz 判決，*Grutter* 判決がみたように，これは，明示的な前提が満された場合

---

[9] Sweezy v. New Hampshire, 354 U.S. 234, 263, (1957) (Frankfurter, J., concurring in judgment).

だけである。この目的のために用いられる特定の入学選考プロセスは司法審査に服する。人種は，入学選考プロセスが厳格審査を満たす場合にしか考慮されてはならない。(中略)「狭く限られ〔た手段と評価されるためには〕，人種を考慮する入学選考プログラムは，quota 制度を用いてはならず」，かわりに「それぞれの応募者が個人として評価されることを保障し，応募者の人種や民族を彼または彼女のアプリケーションを定義する特徴にしないように，充分柔軟でなくてはならない」。

（ii）　Grutter 判決は，人種的「区分は，それが非常に重要な政府利益を促進するために狭くかぎられている場合にのみ合憲である」ことを明らかにした。そして，Grutter 判決は，「多様な学生集団の達成……は，高等教育機関にとって憲法的に許容しうる目的」であるという Bakke 判決におけるパウエル裁判官の結論を裏書きした。このように，Grutter 判決のもとでは，厳格審査は人種的カテゴリーまたは区分を用いたすべての入学選考プログラムに適用されねばならない。

Grutter 判決によれば，大学の「そのような多様性がその教育的使命に必用不可欠だという教育的判断は，我々が謙譲するところである」。Grutter 判決は，大学の，その使命に不可欠と考える「学生集団の多様性からくる教育的利益」を追求するという判断は，相当程度，Grutter 判決のもとで，かなりの，しかし完全にではない謙譲が適当な，教育的判断であると結論づけた。裁判所は，もちろん，学問的決定に対する，理由のある，原理にかなった説明があることを保障せねばならない。この点については，地裁と控訴裁が，Grutter 判決が多様性のある学生集団がその教育的目的に仕えるという「経験と専門性」に基づいた大学の結論に対する謙譲を要求すると判断したことは正しい。

大学は，多様性を「単に人種または民族的起源のみを理由とした何らかの特定のグループの特定のパーセンテージ」として定義することは許されない。それは，「完全な人種バランスとなり，明らかに違憲である」。「人種バランスは，単に「人種的多様性」とラベルを貼り替えることによっては，『明らかに違憲』なものから非常に重要な州の利益に変わったりしない[10]」。

一旦大学がその多様性という目的が一貫することを立証した場合にも，しかしながら，入学選考プロセスがその実施において厳格審査に適合するというさらなる司法判断がなければならない。大学は，多様性を達成するために大学によって選ばれた手段が目的に対して狭く限られていることを証明しなくてはならない。この点に

---

10) Parents Involved in Community Schools v. Seattle School Dist. No. 1, 551 U.S. 701, 732 (2007).

ついては，大学は謙譲を受けない。(中略) 裁判所が，特定の入学選考プログラムを採用するかしないかについての大学の経験と専門性を考慮に入れることができるのは真実である。しかし，最高裁が *Grutter* 判決で述べたように，入学選考プロセスが「それぞれの応募者が個人として評価され，応募者の人種や民族性が彼または彼女のアプリケーションを定義づける特徴となるような方法で評価されないことを保証する」ことは，常に大学の立証義務，そして司法部の判断義務であり続ける。

　手段が狭く限られていることは，また，大学にとって人種を用いることが多様性の教育的利益を達成するために「必要」だということを，審査する裁判所が証明することを要求する。これは，大学が人種的区分を用いることなく，充分な多様性を達成することができるかどうかについての注意深い司法の審査を含む。「手段が狭く限られていることは，すべての考えうる人種中立的代替手段が使い尽くされることを要求しない」が，厳格審査は，裁判所に，大学が「働きうる人種中立的代替手段を真剣に，善意をもって考慮したこと」を，謙譲せず，注意をもって審査することを要求する。大学による考慮は，もちろん必要だが，それだけでは厳格審査を満たすために充分ではない。審査を行う裁判所は，最終的に，多様性の教育的利益を作り出す働きうる人種中立的代替手段がないと満足させられねばならない。もし，「人種中立的なアプローチが……同じくらいに，許容しうる行政的負担で，重大な利益を促進しうる」のであれば，大学は，人種を考慮してはならない。原告は，もちろん，大学のアファーマティブ・アクションのプランの合憲性を問題とするだけの挙証責任を負う。しかし，厳格審査は，大学に，人種的区分を用いる前に，利用できる，働きうる人種中立的代替手段が充分ではないことについて，最終的な挙証責任を課する。

　控訴裁は上告人が「［大学の］入学選考の要素として人種を再導入するという判断が善意でなされたかどうか」のみを問うことができると判断し，裁判所は「大学が善意で行動したと推定する」として，上告人にその推定に対する反証を挙げる責任を課した。控訴裁は，大学のこの観点からの「利益」についての判断「を批判する」ことは，「［裁判所には］能力が充分備わっておらず，行うことができない」仕事であるとし，控訴裁は「［大学の］人種を考慮する入学選考プロセスを採用するという判断が，善意の考慮による［プロセス］から行われたことを確保することのみをしようとする，とした。控訴裁は，そうして，「狭く限られた手段の審査は―非常に重要な利益の審査のように―大学に対する多大な謙譲により引き受けられていると結論づけた。

　これらの，本件に適用される基準に関する表現は *Grutter* 事件の「政府により課

されたすべての人種的区分は,『審査を行う裁判所によって厳格審査のもとで分析されねばならない』という命令にはそぐわない。

　*Grutter*判決は,善意が,許容できない人種の考慮を許すと判断したのではない。(中略)厳格審査は,裁判所が,入学選考制度において許容できる方法で人種を用いたという大学の主張を,実務において［入学選考］プロセスがどのように働くかという証拠を厳しく分析することなしに受け入れることを許さない。

　高等教育の力学（dynamic）は,他の文脈での,手段が狭く限られているかどうかという分析を変えはしない。［人種的］区分の正当性を決する分析と審査のレベルは,単に目的が受け入れられると思われるだけでは変わらない……。目的の正当性と重要さは分析の結果に影響するかもしれないが,分析そのものは変わらない。

　地裁と控訴裁は,厳格審査の分析を,人種的区分を用いることについての大学の善意に謙譲し,それに基づいてsummary judgmentを認めることによって,あまりに狭い方法に制限した。最高裁は（筆者：控訴裁の）判断を破棄するが,訴訟当事者と審理を行った裁判所に公正を期し,入学選考プロセスが正しい分析のもとで審査され判断されるよう,本件は差し戻しを要する。

　(ⅲ)　厳格審査は,「『理論においては』厳格だが,実際には致命的」であってはならない。しかし,逆も真である。厳格審査は,理論において厳格で,実際には弱いものであってはならない。司法審査が意味あるものであるためには,大学は,入学選考プログラムが,この文脈の中で最高裁が承認した利益,つまり,「人種や民族的起源が1つの,しかし重要な要素でしかない,はるかに広い範囲（array）の資格や特性に広がる」「学生集団の多様性の利益」のみを達成するために狭く限られていることを立証せねばならない。控訴裁の判断を破棄し,差し戻す。

2　個別意見

①スカリア同意意見

　スカリア裁判官は,「憲法は,政府の,人種に基づく差別を禁止しており,州の提供する教育も例外ではない」とした[11]。

②トマス同意意見

　トマス裁判官は,*Grutter*判決は覆し,州の高等教育における人種の利用は,平等保護条項により範疇として禁じられていると判断すべきであった,とする[12]。

　トマス裁判官は,*Korematsu*事件以来の判例を引いた後,*Grutter*事件では,最

---

11) 133 S. Ct at 2422（Scalia, J., conccuring).

高裁は,厳格審査の意義に反し,多様な学生集団の達成という利益が人種的差別を正当化するに充分に非常に重要だというロー・スクールの判断に謙譲したのだとする。トマス裁判官によれば,最高裁が真に厳格審査を適用しているなら,最高裁は,テキサス州に,大学を閉鎖するか,応募者の人種に基づく差別をやめることを求めただろう[13]。

また,大学が人種間理解の促進を利益として挙げたことについては,州は修正14条の平等保護条項のもとで,人種を市民に教育の機会を提供する要因として用いる権限を有しない[14]。

大学による人種の利用は,主張されているような多様性の教育的利益と何の関係もない。この国での最悪の形の人種差別は,差別がマイノリティーを助けているという,包み隠さない表現を常に伴っていた。かつて,差別主義者は,例えば,分離された学校が,黒人の子どもを白人の人種主義者の子どもや教師から守ると主張していた[15]。また,人種的考慮の結果,入学を許可されたアフリカ系やヒスパニックの学生は,他の学生と比べて準備が不充分で,在学中にこのギャップを埋められず,クラスでも下位で卒業することになる。さらに,大学の差別は,黒人やヒスパニックの大学教育一般へのアクセスの改善に役立たない。ミスマッチな大学で学ぶことで,レベルにあった他の大学で学ぶよりもよく学べる保障はない[16]。また,大学による差別は,黒人とヒスパニックの学生に,劣っているとの烙印（badge）を押す。トマス裁判官は,こうした理由で,自分なら*Grutter*判決を覆すが,最高裁は控訴裁が厳格審査を適用しなかったと判断したことは正しいため,法廷意見に同意する,とした[17]。

③ギンズバーグ反対意見

ギンズバーグ裁判官は,前に述べたことを繰り返す,として,現実逃避者だけが,中立的な代替手段とされるものを,人種を考慮しないとみなすことができる,と述べた。ギンズバーグ裁判官は,スータ裁判官がみたように,自慢の代替手段は,[人種的考慮を]「意図的に不明瞭にするという不都合」がある,とし,自分なら,控訴

---

12) *Id.* at 2422-2424 (Thomas, J., conccuring).
13) *Brown*事件とともに判断され,一時学校を閉鎖した*Davis*事件の上告人のBriefを引く。Davis v. School Bd. of Prince Edward Cty., O. T. 1952, No. 191, p. 30.
14) *Id.* at 2428.
15) *Id.* at 2429-2430.
16) *Id.* at 2430.
17) *Id.* at 2432.

裁の判断を支持するとした[18]。

3　検　討

　テキサスでは，本件より10年前に連邦最高裁の *Grutter* 判決が下される以前に，第5巡回区控訴裁の *Hopwood* 判決が大学の入学選考における人種的考慮を違憲とし，それに従った人種中立的な代替手段としてのテキサス10％プラン[19]が，大学のレベルを低下させる，また，マイノリティーの生徒に対する初等中等教育の不平等を利用しており，事実上の差別が継続しなければ，10％プランの成功も見込めないものである，関連して，競争的な高校に通うトップ10％には入れないが学術的に高いレベルに達しているマイノリティーを，大学に入学する準備のできていない可能性のある学術面でおとる高校出身の生徒でおきかえてしまう，そして，入学が許可されるマイノリティーの学力が下がり，大学院やプロフェッショナル・スクールにおいてマイノリティーの就学が減ることに対処できない[20]，等の批判をうけながらも，(人種的) 多様性の達成という面では効果を上げていた。テキサス大学が，*Grutter* 判決を受けて，テキサス10％プランが稼働しない狭い範囲で，AIと人種を含むPAIを用いた入学選考プログラムを導入したことが，本件の訴訟につながった。

　最高裁は，「多様な学生集団の達成」という目的が厳格審査を満たす「非常に重要な目的」かどうかについては，大学の判断に謙譲する一方，「手段が狭く限られているかどうか」については，そうした謙譲はあたらない，とし，「働きうる人種中立的代替手段を真剣に，善意をもって考慮」したかどうかを審査すべしとして，破棄差戻しをした。

　これについては，もともと *Grutter* 事件の基準が厳格審査とされていたことから，*Grutter* 判決の基準に，人種中立的代替手段の検討を行うこと，という条件を付け

---

18) *Id.* (Ginsburg, J., dissenting), citing Gratz v. Bollinger, 539 U. S. 244, 303 (2003).
19) 2009年の法改正で，テキサス大学オースティン校のみ，10％プランで入学を許可される学生の数が，75％までに制限されていた。Tex. Educ. Code §51. 803 (a) (3) (a-1) または S. B. 175。しかし，*Fisher* 判決を受けて，Tex. Educ. Code §51. 803 (k) (1) (West 2011) により，この制限は適用されなくなった。
20) Jennifer L. Shea, *Percentage Plans: An Inadequate Substitute For Affirmative Action in Higher Education Admissions*, 78 INLJ 587, 612, 615, 617 (2003). Thomas裁判官が，(10％プランでなく) 人種的考慮による入学が，就学した学生の学力を向上させないという指摘をしている。See, Fisher, 133 S. Ct. at 2430 (Thomas, J., concurring).

加えたかもしれない程度のものと捉えられた。しかし，よく考えると，本件は，*Bakke*, *Gratz*, *Grutter* の各事件を前提とした判断のはずなのに，*Grutter* 事件におけるケネディ裁判官の反対意見を法廷意見に採用したものだと指摘されている[21]。第5，第6，第8巡回区控訴裁は，*Grutter* 事件が目的と同じく手段についても，大学に謙譲を示したものと解釈し，その影響は，初等教育の事案にも広がりをみせていた。本件により，多くの裁判所が，*Grutter* 事件以降の時期よりも厳格に厳格審査を運用することが予想されている[22]。

とはいえ，人種によるアファーマティブ・アクションの命脈は，本件により絶たれるわけではない[23]。一方で，訴訟の増加や[24]，諸大学が訴訟を回避できるような入学選考プロセスを探り続けるだろうことは予想され[25]，代替手段としては，社会経済的なクラスに基づくアファーマティブ・アクションなどが示唆されている[26]。しかしながら，人種的多様性の達成は目的として合憲とされているため，できるだけ，表面的に人種中立的な手段をとるべしという命令をどう評価するかは，かなり難しい問題である[27]。

実際的な影響のほかに，引き続き指摘されているのは，最高裁が人種的な背景でなく，厳格審査の運用に焦点をおいているその視点である[28]。本件判決は，広い文脈で見れば，マイノリティーを保護する立法にも，より厳しい運用の厳格審査を適用することで，United States v. Carolene Products (1938) 事件[29]の理由づけを覆しうるものであり[30]，より直接的な表現では，Roberts Court コートは，「人種統合を促進するための立法を違憲とすることによってマジョリティー・グループのメンバ

---

21) *The Supreme Court 2012 Term Leading Cases Constitutional Law Fourteenth Amendment – Equal Protection Clause – Public-University Affirmative Action – Fisher v. University of Texas at Austin*, 127 Harv. L. Rev. 258, 262
22) *Id*. at 263-265.
23) Melissa Hart, *Considering Class: College Access and Diversity*, 7 HVLPR 367 (2013).
24) *Id*. at 368. See also, Reva B. Siegel, *The Supreme Court 2012 Term Foreward: Equality Divided*, 127 HVLR 1, 61 (2013).
25) *Id*. at 368.
26) *Id*. at 373. 10％プランのタイプのものや，個別の社会経済的な評価を含む。
27) *See*, Fisher, 133 S. Ct. at 2433 (Ginsburg, J., dissenting).
28) Siegel, *supra* note 24 at 4. See also, *Id*. at 59, citing Elise Boddie, Commentary on Fisher: In with a Bang, Out with a Fizzle, SCOTUSblog (June 24, 2013, 11:05 PM), http://www.scotusblog.com/2013/06/fisher-v-university-of-texas-in-with-a-bang-out-with-a-fizzle.
29) United States v. Carolene Products Co., 304 U. S. 144 (1938).

ーを守るために，*Brown* 判決に訴えている」[31]。

Fisher 事件の差戻し審では，第 5 巡回区控訴裁判所が，再び合憲判決を下したため[32]，論争は今後も続くことが予想される。

2013 年開廷期には，逆に，アファーマティブ・アクションをミシガン州州憲法で禁止することが修正 14 条違反であるという訴訟[33]が最高裁に係争し，2014 年 4 月 22 日に，ミシガン州憲法の禁止規定を合憲とする，理由付けの割れた 6 対 2（ケイガンが回避）の判断が下され[34]，これをどのように解釈するか，また，その事後の影響に注目が集まっている。

　　＊初出──「大学におけるアファーマティブ・アクションの基準の厳格化─Fisher v. University of Texas at Austin, 133 S. Ct. 2411（2013）」比較法学（早稲田大学）48 巻 1 号（2014）192 頁。

---

30) Siegel, *supra* note 24 at 62. Scalia 裁判官は，憲法は，教育においても例外なく，政府が人種的区分を用いることを禁止するとしている。*See*, Fisher, 133 S. Ctat 2422 (Scalia, J., concurring). Thomas 裁判官は，法廷意見よりもさらに厳しい，適用されれば致命的な，伝統的な厳格審査の運用を主張している。See, Fisher, 133 S. Ct. at 2422 (Thomas, J., concurring).
31) Siegel, *supra* note 24 at 92. 伊藤正己「アファーマティブ・アクション」日本學士院紀要 48 巻 2 号 83 頁（1994 年）は，*Bakke* 事件から *Croson* 事件までの流れを概説し，保守派と自由派の裁判官の対立を，「保守派は人権を一般的包括的に把握する」が，「自由派は……少数者の人権を重視し，人権は何よりも少数者の人権として考え，多数者の人権は民主制のもとで司法部による保護の必要性が薄いとみる」ためである，としていた。
32) Fisher v. University of Texas at Austin, 758 F. 3d 633 (2014).
33) Coalition to Defend Affirmative Action v. Schuette, 701 F. 3d 466 (6th Cir. 2012) (en banc), cert. granted, 133 S. Ct. 1633 (2013).
34) Schuette v. Coalition to Defend Affirmative Action, 134 S. Ct. 1623 (2014).

第11章
アファーマティブ・アクションを禁ずる州憲法修正の合憲性— *Schuette* 判決

　2014年の Schuette v. Coalition to Defend Affirmative Action[1] では、*Grutter* 事件のあとに、ミシガン州で成立した、アファーマティブ・アクション禁止の憲法修正の合憲性が問題になった。原告である市民団体の中心的な関心は、この憲法修正によって、ミシガン大学で、最高裁が合憲であるとした、人種的考慮を含む入学選考ができなくなったことにあった。

　同種の憲法修正・アファーマティブ・アクション禁止法は、人種に基づく優遇措置にも厳格審査が適用されるとした *Adarand* 事件以降、カリフォルニア[2]、ワシントン[3]、ネブラスカ[4]の各州で成立している。ミシガンは4つめの州である[5]。2008年の中間選挙の際には、ネブラスカ州、ミシガン州のほかにも州民発議による同種の憲法修正が試みられたが、ミズーリ州とアリゾナ州では、充分な分な署名が集まらなかったため評決にいたらず、オクラホマでも署名の信憑性の点で取り下げられ、コロラドでは州民投票にかけられて否決された。アリゾナ州、オクラホマ州では、2012年に憲法修正が成立した[6]。

　アファーマティブ・アクション禁止の憲法修正の合憲性に関する判断が、連邦最高裁で問われたのは、本件がはじめてであった[7]。第9巡回区控訴裁の合憲判断と、本件の第6巡回区控訴裁の違憲の判断が対立していたため、最高裁の移送令状が認

---

1) Schuette v. Coalition to Defend Affirmative Action, 134 S. Ct. 1623.
2) Proposition 209, codified as Cal. Const. art. 1, §31 (a) (1996).
3) Initiative 200, codified as Wash. Rev. Code §49. 60. 400 (1998). ST 49. 60. 400 (1998).
4) Initiative 424, codified as Neb. Const art. I, §30 (2008).
5) このほか、ニューハンプシャー州、N. H. Rev. Stat. Title XV 187-A: 16-b, 188-F: 21-a (2012) で、立法により大学の入学専攻での人種的考慮が禁じられている。フロリダ州では、行政命令により、アファーマティブ・アクションが廃止された。吉岡宏祐「差異に基づく『多様性』擁護論の台頭—フロリダ州におけるアファーマティブ・アクションの廃止過程に即して」国際文化研究16号 (2010) 219頁。
6) http://ballotpedia.org. Ariz. Const. art. II, §36 (2010), Okla. Const. art. II, §36 (2010).

められた[8]。

1 事　実

　ミシガン大学の大学レベルの入学制度が平等保護条項を侵害し無効と判断された*Gratz*事件[9]に応え，大学は大学レベルの入学選考制度を見直したが，改正された制度は，いまだ，限られた人種に基づく優遇措置の利用を許容するものだった。州政府の決定という文脈での人種に基づく優遇措置について州を挙げての議論が行われた後，有権者は，2006年に，州やその他のミシガン州内の政府機関が，人種に基づくものを含むある種の優遇措置を，広い範囲の［政府］行為や［政府］決定において禁止する憲法修正を採択した。そのため，州立大学の入学選考プロセスでは，人種に基づく優遇措置を実施できなくなった。

　この州民発議は，Proposal 2 と呼ばれ，58％対42％の差で通過した後，ミシガン憲法の1条26節（以下，§26）[10]となった。

　§26は，2つの事件で合憲性が問われ[11]，ミシガン東地区の連邦地方裁判所が，事件を併合した。訴訟の原告には，Coalition to Defend Affirmative Action, Integ-

---

7)　州レベルでは，カリフォルニア州最高裁が，憲法修正を合憲とした判断がある。Seattle Coral Constr., Inc. v. City and County of San Francisco, 50 Cal. 4th 315 (2010).
8)　Melissa Hart, *Schuette symposium: Keep it simple*, SCOTUSblog (Sep. 16, 2013, 12:55 PM), http://www.scotusblog.com/2013/09/schuette-symposium-keep-it-simple/.
9)　Gratz v. Bollinger, 539 U. S. 244 (2003).
10)　Michigan Const. Art. 1 §26 (2006).
　(1)　ミシガン大学，ミシガン・ステイト大学，ウエイン・ステイト大学，その他のどんな公立の単科大学，総合大学，コミュニティー・カレッジ，学校区も，どんな個人またはグループに対しても，人種，性別，肌の色，民族，先祖の国籍に基づいて，公的雇用，公教育，公的契約において，差別し，または優遇取り扱いを認めてはならない。
　(2)　州は，どんな個人またはグループに対しても，人種，性別，肌の色，民族，先祖の国籍に基づいて，公的雇用，公教育，公的契約において，差別し，または優遇取り扱いを認めてはならない。
　(3)　本節の目的において，「州」は，州そのもの，市，郡，全ての公立単科大学，総合大学，コミュニティー・カレッジ，学校区，第1項に含まれない州の，または州内のその他の政治的出先機関または政府関係者（governmental instrumentality）を含み，しかし，必ずしも［これらに］限られない。
11)　訴訟提起の経緯につき，Gail Heriot, *Schuette symposium: The parade of horribles lives*, SCOTUSblog (Sep. 13, 2013, 3:02 PM), http://www.scotusblog.com/2013/09/schuette-symposium-the-parade-of-horribles-lives/.

ration, and Immigrant Rights and Fight for Equality By Any Means Necessary (BAMN)，学生，教員，ミシガンの公立大学への応募予定者がいた。被告は，州知事，ミシガン大学理事会（Board of Regents），ミシガン・スライト大学受託者会議（Boad of Trustees），ウエイン・スライト大学理事会（Board of Governors）であった。ミシガン州法務総裁は，被告として介入することを認められた。

連邦地裁は，2008年にミシガン州に有利なsummary judgementを下し，Proposal 2を合憲と判断し[12]，その後，再審理を求める動議を拒否した[13]。第6巡回区連邦控訴裁判所は，summary judgementを破棄し[14]，Proposal 2が本裁判所が *Washington v. Seattle School Dist. No. 1*[15]（以下 *Seattle* 事件）や，*Seattle* 事件が依拠した先例で示した原則を侵害したと判断した。

連邦控訴裁判所の全員法廷は，控訴裁判決を支持した[16]。多数意見は，*Seattle* 事件は，「本件とよく似ている（mirrors）」と判示した。7人の裁判官が数々の意見を執筆し，反対意見を述べた。最高裁は，移送令状を発給した[17]。

2 判　旨

本件では，ケネディ（A. M. Kennedy）裁判官が法廷意見（相対多数意見）を執筆した（ロバーツ（J. G. Roberts, Jr.），アリトウ（S. A. Alito, Jr.）同調），ロバーツ長官が同意意見を執筆した。スカリア（A. Scalia）裁判官が同意意見を執筆した（トマス（C. Thomas）同調）。ブライア（S. G. Breyer）裁判官が同意意見を執筆した。ソトマイヨール（S. Sotomayor）裁判官が反対意見を執筆した（ギンズバーグ（R. B. Ginsburg）同調）。ケイガン（E. Kagan）裁判官は，本件の審理に参加しなかった。法廷意見は以下のように述べる。

---

12) Coalition to Defend Affirmative Action v. Regents of Univ. of Mich., 539 F. Supp. 2d 924（2008）.
13) Coalition to Defend Affirmative Action v. Regents of Univ. of Mich., 539 F. Supp. 2d 948（2008）.
14) Coalition to Defend Affirmative Action v. Regents of Univ. of Mich., 652 F. 3d 607（2011）.
15) Washington v. Seattle School Dist. No. 1, 458 U. S. 457（1982）.
16) Coalition to Defend Affirmative Action v. Regents of Univ. of Mich., 701 F. 3d 466（2012）.
17) Coalition to Defend Affirmative Action v. Regents of Univ. of Mich., 133 S. Ct 1633（2013）.

1 法廷意見

（i）「本件は，高等教育における人種を考慮する入学選考ポリシーの合憲性や，実体（merit）の問題ではない。*Fisher* 事件[18]は，ある条件が満たされれば，入学選考における人種的考慮が許容されるという原則を変更しなかった。本件の問題は，「州の有権者が，政府決定，特に学校の入学選考における人種的考慮を禁止することを選択できるかどうか，また，どんな方法でそれをなせるかである」。

（ii）控訴裁は，§26 を，州立大学の入学選考の文脈で違憲と判断するにつき，先例と考える *Seattle* 事件に依拠したが，その判示を全く異なった争点を提示する事件に拡大し，誤った結論に達した。まず，*Seattle* 事件の先例と背景を検討する。

Mulkey 事件[19]では，有権者が，州の立法が，住宅用不動産を売ったり貸したりしないという所有者の特権に干渉することを禁ずるよう，カリフォルニア州憲法を修正した。ひとつの事案ではカップルがアパートを借りられず，今ひとつの事案では，カップルがアパートから退去させられた。これらの敵対的（adverse）行為は人種に基づくものであった。最高裁は，州憲法の規定は平等保護の拒否であると結論した。最高裁は，カリフォルニア最高裁の違憲判断を支持し，憲法修正の「直接の意図と目的」は，「私的に差別する憲法的権利と称されるものを確立すること」で，憲法修正が，「差別する私的な権利を明示的に権威付け，憲法的なものにした」ということに同意した。

Hunter 事件[20]は，被上訴人の議論の中心で，最高裁は，本件で控訴裁が「政治的プロセス（political process）理論」とするものを，初めて作り上げた。この事件では，オハイオ州アクロン市議会が，住宅の販売，賃貸契約，賃貸（料）(rental)，資金調達における差別解消のために，差別を禁止する公正住宅（fair housing）条例を制定した。これに応答して，有権者が，条例を覆すために市の憲章を修正し，付加的な反差別住宅条例も，住民投票で承認されるべきことを要求した。ほとんどの他の不動産市場を規制する条例は，妨害的な要求には服さなかった。原告である黒人女性は，不動産業者は，所有者が黒人に販売しないと特定したため，彼女にある住宅を紹介できなかったと主張した。

Hunter 事件での最高裁の理由付けの中心は，修正された市憲章が，住宅販売や賃貸において人種差別が広がり，住宅の分離に結びついて，多くの人が不健康な，

---

18) Fisher v. University. of Texas at Austin, 133 S. Ct. 2411（2013）.
19) Reitman v. Mulkey, 387 U. S. 369（1967）.
20) Hunter v. Erickson, 393 U. S. 385（1969）.

安全でない,不衛生な,過密した条件のもとで暮らすことを余儀なくされているという状況で制定されたことである。最高裁は,修正された市憲章によって要求された住民投票は,この背景に対して評価されねばならない,とした。最高裁は,修正された市憲章は,反差別的条令を選り出すことによって,「政府のプロセスにおいて特別の負担を人種的少数者に課し」,人種的な少数者を害する差別的な意図とともにとらえたとき,他の政府行為と同じく許容されないものになる,と判断した。ハーラン (J. M. Harlan) 裁判官は,同意意見を書いた。彼は,市憲章の修正は,「ある人種や宗教のマイノリティーにとって彼らの利益にかなう立法を成し遂げるのをより難しくするという明白な目的をもっている」と議論した。しかし,この文にかかわらず,*Hunter* 事件は,州は人種的マイノリティーを標的とするために政府の手続を変更してはならない,という,とりたてていうことのない原則に根ざしていた。そのため,*Mulkey* 事件,*Hunter* 事件では,州の奨励(助長),または参加という理由で,より悪質になった,人種に基づく損害があった。

　Seattle 事件では,学校区が,マイノリティーの生徒の人種的孤立を和らげる,強制的なバス輸送プログラムを採択した。反対する有権者は,人種差別廃止のためのバス輸送を禁止する州民発案を通過させた。最高裁は,最初に,多様性から「黒人だけでなく白人の子ども達も利益を得る」が,学校区のプランは,「一義的にはマイノリティーの利益を生ずる」と認定した。最高裁は,次に,州の住民発案の「現実的な効果」は,バス輸送を支持する者は,「今や,州の立法者か,州全体の有権者の助けを求めなくてはならない」ため,「既存の決定機関から,マイノリティーの利益に負担を課すような方法で,人種的問題に――そして,人種的問題だけに――取り組む権限を奪う」ものだとし,住民発案は,「決定プロセスを決める (determin) ために,明示的に人種的性格の決定を用いた」と判断した。

　Seattle 事件は,ちょうど *Mulkey* 事件,*Hunter* 事件がそうであったのと同じように,問題の州行為が,「人種に関する特定の損害を生ずる,もし目的でなければ,深刻な危険を有した事件として,最もよく理解される」。Seattle の学校区について,法的な差別があったという司法判断はなかったが,学校区の 1940 年代,50 年代の学校の人種分離は,「白人の生徒が黒人の学校から転校することを許し,一方で,白人の学校への黒人の生徒の転入を制限した」,部分的には教育委員会の政策の結果であると思われる[21]。1977 年には,有色人種地位向上全国協会(NAACP)は,連邦機関である教育省公民権局 (Office for Civil Rights) に,教育委員会が,法的

---

21) 551 U. S. 701, 807-808 (2007) のブライア反対意見を参照する。

差別の制度を維持しているとの申し立てを行っている。NAACP は，シアトルの教育委員会は，ある種の転校のための基準や，白人地区に不必要な新しい学校を建てる建設計画，黒人学校で劣った施設を維持する，教員や他のスタッフの任命に明示的な人種的基準を用いる，約束された人種差別廃止の努力の実行が遅延している一般的傾向，などを通し，不法な人種分離を創出し，または維持していると主張した。公民権局の調停の一部として，教育委員会は，人種的不均衡を減少させるため，バス輸送と初等学校間の強制的な再割り当てを用いた「シアトル・プラン」を採用した。これが，Seattle 事件で問題になった州民発案のテーマとなった。

「最高裁が Parents Involved 事件[22]で判断した通り，教育委員会が救済のための行為であるとしたものは，今日では，法的差別の存在を示さなければ許容されないであろう」。Seattle 事件では，問題になっている救済（人種差別解消のためのバス輸送）の正統性と合憲性は，当然のこととされており，Seattle 事件は，それに基づいて理解されなくてはならない。最高裁は，教育委員会のバス輸送による救済の正統性を，その憲法問題の分析の基礎として受け入れ，州による教育委員会のバス輸送による救済の不承認は，人種に関する損害の深刻化に，州が共謀したものだと判断した。

Seatte 事件で用いられた広い文言は，しかしながら，事案の解決に必要な分析をはるかに超えた。最高裁は，Hunter 事件におけるハーラン裁判官の同意意見を用い，この事案における手続的変更は「ある人種や宗教のマイノリティーにとって彼らの利益にかなう立法を成し遂げるのをより難しくするという明白な目的をもっている」とした。この文言は，Hunter 事件の事実の文脈で捉えれば，単純に，敵対的な差別から生じた特定の損害が問題になっている場合には，平等保護侵害であると判断する必要性を言い表したと読むのがもっともよい。Seattle 事件の最高裁は，しかしながら，Hunter 事件の同意意見の文言を，新しい，射程の広い理由付けを確立するために用いた。Seattle 事件は，政府の政策が「一義的にマイノリティーの利益を生じ」，その政策を「彼らの利益である」と，「マイノリティーが……考える」ならば，「政府の異なるレベルに」その政策についての「効果的な決定権限を置くどんな政府行為も」厳格審査のもとで審査されねばならない，と述べた。要するに，Seattle 事件の広い読み方に従えば，「彼らの利益になる立法を達成すること」を「ほかのグループよりも，ある人種的マイノリティーにとってより難しくする」「人

---

22) Parents Involved in Community Schools v. Seattle School District No 1, 551 U.S. 701 (2007).

種的関心」を伴うどんな州行為も，厳格審査に服する。控訴裁が本件を支配すると判断したのは，Seattle 事件のこのような読み方である。そして，そのような読み方は否定されねばならない。

　控訴裁が採用した広い理由付けは，必要な判断や，それを支持するとされる先例の意味を超える。そして，本件で呈示された一般的なルールの形成も，引用された先例も，Proposal 2 を無効とするに充分ではない。

　Seattle 事件の広い読み方は，原則に基づいた限界をもたず，最高裁の定着した平等保護の判例法との整合性に深刻な問題を提起する。Seattle 事件が，最高裁にどのような政策が人種にかかわる文言によって定義されるグループの「利益」に資するかを明らかにし宣言することを要求すると読まれる限りにおいて，そのような理由付けは，Seattle 事件の判断には不必要であった。そのため，それには先例の支持がない。

　「許容できない人種的ステレオタイプ」を警戒し，最高裁は「同じ人種グループのメンバーが——年齢も，教育も，経済的地位も，彼らが生きるコミュニティーも関係なく——同じように考え，同じ政治的関心をもち，選挙で同じ候補者を好む」という推定を拒んでいる[23]。同じ人種の個人が同じように考えるというのは，まじめな前提として考慮できない。しかし，控訴裁の判断のように，「Seattle 事件の定式（formula）が支配するとするためには，そのような前提が必然的に出発点となる。もし，どのようにある人種が政治的問題において彼ら自身の利益を定義づけるのかを精査することが必要と考えられるのなら，さらに別の出発点は，人種によって個人を定義づけることであろう。これらの線がよりはっきりしなくなっている社会の中で，人種に基づくカテゴリーを定義づけようとする試みもまた，深刻な問題を提起する。個人を人種に基づいて定義する政府行為は，本来的に疑わしく，政治形態（国家）が超越しようとしている人種的分断分離そのものを永続させる危険をもたらす[24]。裁判所がこの冒険に着手するなら，［それには］明確な法的基準もなく，司法判断を導く受け入れられた法源（source）もないだけでなく，品位を傷つけるス

---

23) Shaw v. Reno, 509 U. S. 630 (1993), Metro Broadcasting, Inc. v. FCC, 497 U. S. 547, 636 (1990) (Kennedy, J., dissenting)（「定義された人種グループが，他の市民のそれと異なる特定の『マイノリティーの見方』をもつという品位を傷つける考え方」を拒否した。）

24) 134 S. Ct. at 1635. 例とされているのは，Ho v. San Francisco Unified School Dist., 147 F. 3d. 854, 858 (C. A. 9 1998).（学校区が人種バランスのために 13 の人種カテゴリーを叙述した。）

テレオタイプによる調査とカテゴリー，すなわち，それ自体の文言において憲法的に疑問のある区分となる結果となるか，少なくとも［そうなる］高いリスクを負う」。

これらの最初のステップが，分析的，司法的枠組みと首尾一貫した形で行いうるとしても，裁判所は，次にあるグループ——人種によって定義されたグループ——が利益を有する政策領域を明らかにすることを求められる。ふたたび，法的基準はなく，どのように判断しても，人種にもとづく敵意と対立が，司法判断の文脈で起こる。

「Seattle 事件の定式と，本件での控訴裁の理由付けが効力をもっていると，人種分離を思いとどまらせるのでなく，その正統性が立証される」。民主的な自己統治の行使として政策をつくるときには，有権者は人種優遇が採用されるべきだと決定するかもしれないが，本件の判断は，単に，裁判所が，どの道を行くかを選ぶ有権者の権限を奪ってはならないというものである。政策に関する議論の領域では，人種に基づく敵意または不一致は避けられるべきで，これらの要因が入り込むとしても，裁判所の提案や主張によるものであってはならない。

また，法廷意見によれば，本件の控訴裁のような判断は，ほかの，同じような州の政策についての長く定着した判決を疑わしくする。カリフォルニア州裁判所は，公契約における人種による優遇措置を禁止するカリフォルニアの憲法修正は，Seattle 事件において示されたルールに反しないと判断した[25]。第9巡回区控訴裁は，公教育における人種優遇を禁じる同じ憲法修正が，平等保護条項を侵害しないと判断している[26]。

Proposal 2 を承認し，州憲法に §26 を加えることで，ミシガンの有権者は，彼らの基本的な民主的権限の行使としての，法を制定する彼らの特権を行使した。連邦制度の中で，州は，「積極的な法を制定することによって，彼ら自身の時代の運命を形作る発言権（a voice）を求める州民投票に応えた[27]。ミシガンの有権者は，州民投票の制度を，困難で微妙な問題を生ずる，人種に基づく優遇を認める政策に関して，有権者の多数の関心に応えると思われない公務員を迂回するために用いた」。

「最高裁が，ミシガンの有権者によって扱われた問題が選挙民が把握するには敏感すぎる，または複雑すぎると判断するのならば，または，問題になっている政策

---

25) Seattle Coral Constr., Inc. v. City and County of San Francisco, 50 Cal. 4th 315 (2010).
26) Coalition for Economic Equity v. Wilson, 122 F. 3d 692 (1997).
27) Bond v. United States, 564 U.S. ___, 131 S. Ct. 2355, 2364 (2011).

が，引き続き解決されるには微妙すぎ，直接的な公的審査や支配から距離をおいて行動するだれか大学職員や教員にまかされると判断するなら，または，これらの事柄がきわめて不可解で，全き議論ののちも，思慮深く権限を行使することができないため，選挙民の権限が限られなくてはならないと判断するならば，そのような判断は，個人のみならず，皆が共通して有する基本的な権利の行使に対する先例のない制限である。それは，意見を述べ（speak），議論し，学び，そして，政治的意思の問題として，適法な選挙による手続を通して行為する権利である」。

「自由は，どのようにすれば最もよく国家とその市民の運命を形作る合意を形成できるかを決するために，合理的で市民的な議論を行う権利と，実のところ義務を含む。これらの修正1条の力学は，もし最高裁が本件の問題が有権者が議論し，決定する能力を超えると判断すれば，害される」。

本件は，人種的優遇の是非についてのものでなく，誰がそれを解決すべきかについてのものである。合衆国憲法または，最高裁の先例には，この政策的決定を有権者に委ねる Michigan 法を無効とする根拠がない。また，「民主主義は，ある主題があまりにも不和を生じるとも，または，公的議論にはあまりに深遠だとも推定しない」。

第6巡回区控訴裁の判断を破棄する。

2 個別意見

①ロバーツ同意意見　ロバーツ裁判官によれば，人種優遇がまさしく（自分が疎外されているという）疑いを強化し，人を弱らせる効果をもつ，そして，もしそうならば，優遇は善をなすよりも悪をなす，と結論づけることは，「真実みを欠く」とはいえない。

人民は，この問題について，善意をもって異なる意見をもちうる。しかし，いずれの側の議論もが，解放的で率直であることに疑義を呈することは，同じく，善をなすよりも悪をなす。

②スカリア同意意見　スカリア裁判官は，多数意見が政治的プロセス理論を退けた点に同意するが，同意意見の Seattle 事件，Hunter 事件の再解釈には反対する，とする。スカリア裁判官によれば，表面上中立的な行為による平等保護侵害を主張する原告は，単なる人種による不均衡だけでなく，（差別的）意図と因果関係を証明せねばならないという原則を再確認すべきである。州行為者に平等保護を要求する法は，表面的に中立的で，憲法を侵害し得ない。§26 は，合憲である。

③ブライア同意意見　ブライア裁判官によれば，合衆国憲法は，ミシガン州憲法

によって禁止されたような種類の人種を考慮するプログラムの利用を，許容するが，要求しない。

憲法は，それによって国民自身が，この種の意見の相違に対する答えを，ともに見いだすことができる民主主義的政治システムを作り出す。

Hunter 事件，Seattle 事件は，政策形成が行われる政治的レベルを変更する政治プロセスの再構築を含み，本件には適用されない。本件では，法律によって広い政策形成の権限を与えられている，選挙で選ばれた諸大学の理事会は，選挙によって選ばれていない大学教員や事務官に権限を委任している。憲法修正は，選挙によって選ばれていない行為者から決定権限を奪い，有権者に与えた（にすぎない）。

④ソトマイヨール反対意見　　ソトマイヨール裁判官によれば，平等保護は，伝統的には，すでに存在する法律のもとでの意図的な差別を禁じるものと理解されるが，平等保護はそれにとどまらない。平等保護の先例の別の要素は，すべての市民に，民主政治に，意味ある平等な参加をする権利を保障する，プロセスに焦点をあてる。この権利は，他のすべての権利を保障するものであり，民主主義の基盤である。

先例は，人種的マイノリティーにあるプロセスを創出し，他の皆には，別のより負担の軽いプロセスを創出する政治的な再構築を許さない。

Brown 事件は，法的差別に発する社会的差別を救済しようとした。政治的プロセス法理のもとでは，政府行為が，(1) 人種的焦点があり，「一義的にマイノリティーの利益を生じる政策やプログラムをターゲットにしているとき」，(2) 特にマイノリティーのプロセスを通じて目標を達成する能力に負担を課すように政治的プロセスを変更するときは，マイノリティー・グループから平等保護を奪う。

§26 には，人種的焦点がある。（政治的プロセス法理の）人種的焦点の部分は，決して，政策がマイノリティーのグループだけに利益を生じることを要求しない。人種に敏感な入学選考ポリシーは，多様な学生集団から教育的利益を得る非常に重要な利益と，人種的マイノリティーの利益を生じるという非常に重要な利益の両方に仕える。

§26 は，人種的マイノリティーに負担を課す方法で，ミシガンでの政治的プロセスを再構築する。本件のようにマジョリティーが政治的マイノリティーに損害を与えるように政治的プロセスを変更したとき，政府行為は厳格審査に服する。ミシガンは，§26 が非常に重要な州の利益を満たすとは主張していない。それによって，本件に結論が出される。

今日の判決に反して，政治的プロセスへの意味ある参加の権利を守ることは，単に参加への障害を取り除く以上のことを意味しなくてはならない。

人種に基づく差別を止める方法は，人種についてオープンに，率直に話し，何世紀にも及ぶ人種差別の不幸な効果に対して目を開いて憲法を適用することである。

本件で問題になっているのはプロセスに関する権利だが，問題になっている実質的なポリシーは，同僚［裁判官の判断］に関連していることが否定できない。(§26の成立後，) ミシガンの充分に代表されていないマイノリティーの，大学に行く年齢の総数は増えているが，大学に入学を許可される数は減っている。

人種に敏感な入学選考制度の採用を疑問視し，国中の大学がこれらのポリシーを廃止すればいいという何人かの同僚［裁判官］の見解は，Grutter 事件，Fisher 事件に反する。

3 検　討

いわゆる「政治的プロセス理論」の理論的困難は，Hunter 事件，Seattle 事件の最高裁にも認識されていたとされる。また，この理論は，必ずしも通常の平等保護の法理とは一貫しないが，最高裁はそれでも，それを選択したのだという指摘がある[28]。

法廷意見（相対多数意見）は，「政治的プロセス理論」を，人種差別解消施策——救済——を排除しようとするものに適用される，と狭く読み替え，Grutter 事件，Fisher 事件のような，多様性確保のための人種優遇施策には，政治的プロセス理論が適用されないとして，§26 を合憲とした[29]。法廷意見は，控訴裁のバージョンの「政治的プロセス理論」について，Seattle 事件の広い読み方が，「原則に基づいた限界をもた」ないことを問題にする。また，どのような政策がマイノリティーのグループの「利益」に資するかについて，①「ある人種が政治的問題において彼ら自身の利益を定義づけるのかを精査する」必要があるなら，②「人種によって個人を定義づけること」になることが必要になることを問題視し，そのような政府行為は，本来的に疑わしく，「政治形態（国家）が超越しようとしている人種的分断分離そのものを永続させる危険をもたらす」[30]とし，裁判所がこれを引き受けるには，③

---

28) Girardeau Spann, *Schuette symposium: Racial supremacy*, SCOTUSBLOG (Sep. 11, 2013, 1: 29 PM), http://www.scotusblog.com/2013/09/schuette-symposium-racial-supremacy/.

29) See, Hart, *supra* note 8. 判決前の段階の論稿で，第 6 巡回区控訴裁が政治的プロセス理論の適用を誤ったと判断し，最高裁判決の影響を最小にすることを示唆したもの。

30) 例えば，Ho v. San Francisco Unified School Dist., 147 F. 3d. 854, 858 (C. A. 9 1998). (学校区が人種バランスのために 13 の人種カテゴリーを叙述した。)

「明確な法的基準もなく，司法判断を導く受け入れられた法源（source）もなく」，それ自体，憲法的に疑義があるとした。そして，裁判所は，次に④「あるグループ——人種によって定義されたグループ——が利益を有する政策領域を明らかにすることを求められ」，これは，人種にもとづく敵意と対立を引き起こすとする。また，本件での違憲判断が，すでに合憲とされたカリフォルニアの憲法修正に関する州裁判所や[31]第9巡回区控訴裁の判断を疑わしくすることも，理由の1つとして挙げた[32]。さらに，法廷意見は，人種に基づく優遇措置をめぐる問題をミシガン州の州民発案の対象にすることを禁ずることは，「個人のみならず，皆が共通して有する基本的な権利」「意見を述べ（speak），議論し，学び，そして，政治的意思の問題として，適法な選挙による手続を通して行為する権利」を侵害し，民主主義に反する，とした。

結果同意意見だが，スカリア意見は，人種中立的な施策を平等保護違反とするためには，差別的意図が要求されるとする *Davis* 事件[33]の法理を援用し，そうした意図が立証されないとして，政治的プロセス理論自体を否定した。これに対しては，そもそも，様々な人種グループにとって，中立的な政治プロセスは，一般的なレベル以外には，そも，存在しないという指摘がある[34]。

おなじく結果同意のブライア意見は，憲法は，人種優遇施策を許容するが，要求しない[35]，とした。また，本件の射程を事案から狭め，選挙で選任されていない学部教員や大学事務局から決定権限を奪ったとしても，政治的プロセスの変更にはあたらないとし，政治的プロセス理論への影響を小さくしようとした，とみられているが，他に5人の裁判官が，政治的プロセス理論を狭く読み替え，あるいは，否定して合憲の判断をしたため，この試みは成功しなかった，とされる[36]。

---

31) Seattle Coral Constr., Inc. v. City and County of San Francisco, 50 Cal. 4th 315 (2010).
32) 122 F. 3d 692.
33) Washington v. Davis, 426 U. S. 229 (1976).
34) Spann, *supra* note 28.
35) ブライア意見が，救済施策と，優遇措置を区別する点について，同種の意見を含むものとして，*See*, Richard A. Epstein, *Schuette v. Coalition to Defend Affirmative Action: The intellectual confusion that surrounds affirmative action today*, SCOTUSblog (Sep. 9, 2013, 2: 25 PM), http://www.scotusblog.com/2013/09/schuette-v-coalition-to-defend-affirmative-action-the-intellectual-confusion-that-surrounds-affirmative-action-today/ *See*, also, Heriot, supra note 11.
36) *See*, Lyle Denniston, *Opinion analysis: Affirmative action-up to the voters*, SCOTUSblog (Apr. 22, 2014, 3: 45 PM), http://www.scotusblog.com/2014/04/opinion-analysis-affirmative-action-up-to-the-voters/

一方，長く激しい反対意見をベンチから読み上げたのはソトマイヨールで，法廷意見の先例の「読み変え」を批判し，多様性の価値が Grutter 事件，Fisher 事件で確認されていることを主張した。

ポイントはさらにいくつかある。Croson 事件のスカリア法廷意見以来，救済施策を正当化するには，施策を実施する機関で，「法的な差別」があったという立証が必要であるとされている。これが，救済施策が合憲とされる範囲を極めて狭めたのだが，本件の法廷意見の Seattle 事件の読み方は，一部が過去の人種差別施策の結果であれば法的差別があったものと理解するようで，広い。ソトマイヨール裁判官は，Seattle 事件は，法的差別でなく，事実的差別を基礎とする救済を是認したものととらえており，両者の内実は接近している。このほかにも，Schuette 事件の法廷意見は，民主主義の意義を繰り返し述べ，強調する[37]。また，直接言及されてはいないが，連邦主義の見地から，州民発案による憲法修正に介入することは，ためらわれるだろう。

平等権理論に関して，Fisher 事件，Schuette 事件の最高裁は，ごく微妙な線を描こうとしているように思われる。

Grutter 事件で重んじられた「多様性の価値」は，Fisher 事件で，「中立的手段の検討」という条件が加えられたものの，明示的にテイク・バックされていない。

Romer v. Evans (1996) 事件[38]を含め，長年議論されてきた，「政治的プロセス理論」は，ソトマイヨール裁判官の批判のように，「変造」され，狭められた感はあるが，これまた，最高裁は，3つの先例にあがっているような，過去に現に行われた特定のタイプの侵害をいまだ危惧しているとみられ，この，異論も多い理論を維持しようとしている。

同時に，Bakke 事件が否定した「社会的差別」の救済は否定されているが，最高裁は，Seattle 事件（限定されたバージョン）を維持するために，Croson 判決がしいた，当該組織等における「過去の法的差別」の存在という，救済施策の基礎について，いささか時間のたった，部分的なものでも肯定したようにみえる。スカリア裁

---

37) 州民発議の実務から，直接民主制の場合には，より踏み込んだ司法審査が必要だとするものに，Elise Hofer & Suzanna Sherry, *The Case for Judicial Review of Direct Democracy*, 4 J. L.: Periodical Laboratory of Leg. Scholarship 49 (2014). 選挙での投票率の低さ，通常選挙で投票した人が州民発案に投票しない現象があり有権者に混乱があるとみられること，おなじく，有権者が混乱し意図しているのとちがう選択肢に投票している可能性があること，貧しく充分に教育を受けていない層が投票しないこと，などから，州民発案が州民の意思を忠実に反映しない可能性を理由とする。

38) Romer v. Evans, 517 U. S. 620 (1996).

判官は，本件の口頭弁論で，「救済施策」を優遇施策と別して，肯定される可能性があるとほのめかしている。本件でも言及のある PICS 事件のブライア意見においても，この点は議論されている。一般には，救済施策として是認されるようなものはもう出ないだろうとされているが，今後，見守るべき動きではある。

　Grutter 事件における，救済とは切り離された，あるいは，Bakke 事件のロジックのためにそうせざるをえなかった，「多様性」の強調は，州民発案による「優遇措置の否定」という，揚げ足取りな結果を招いた。結局のところ，（論者はこの，どちらともつかない文言を避けるようになったが）アファーマティブ・アクションの中核は，「救済」を，いかに過去の侵害とリンクさせるかであることが，描き出されたようだ[39]。

　すでに優遇措置を禁ずる憲法修正をなしたのは，ミシガンを含め 4 州，立法で入学選考を禁じたのは 3 州で，50 州のうちの 7 州である。しかし，Schuette 事件の最高裁の合憲判断は，法廷意見が，実体に関する判断でないことを繰り返したにもかかわらず，ある種のメッセージを発したのは，疑いない。Schuette 事件を，社会運動が法――立法や判決――に結びついた例として挙げる論者もある[40]。この事案の推移には，確かに，社会の動きが見て取れる。

　法廷意見のいうように，アメリカは，人種を忘れることで，人種的分断を超えようとしているのかもしれない。スカリア裁判官の結果同意意見は，さらにフォーマリスティックに，批判多い[41] Davis 事件の表面的に中立的な区分の利用に対する「差別的意図」の要求により，政治的プロセス理論自体を否定してしまう。

　問題は，ソトマイヨール裁判官も指摘するような，マイノリティーの社会経済的不均衡が解消されないままに[42]，アメリカが人種を忘れることである。政治的プロセス法理を含む平等保護理論に，いかなる展開が今後起こるのか，また，救済が行

---

39) こうした見解をとらないものに，茂木洋平「Affirmative Action 正当化のコンセンサス」法学（東北大学法学会）77 巻 6 号（2014）192 頁。このほか，茂木洋平「アメリカにおける階層に基づく（class based）Affirmative Action の正当性（一）（二）」桐蔭法学 19 巻 1 号（2012）1 頁・2 号（2013）1 頁など。茂木教授は，アファーマティブ・アクションに否定的な立場。
40) Lani Guinier, Gerald Torres, *Changing the Wind: Notes Toward A Demospurudence of Law and Social Movements*, 123 YALE L. J. 2740, 2799 fn. 274（2014）.
41) たとえば，*See,* Spann, *supra* note 28.
42) 2014 年 8 月には，ミズーリー州ファーガソンで，白人警官が武装していない黒人の少年を射殺する事件が発生し，当該地域で数週間の抗議運動が続いた。また，7 月から 12 月にかけて，類似の事件や抗議運動が相次ぎ，人種問題の根深さが実感された。

われぬままの差別に根ざす，現にある社会的不均衡に対し，どのような実質的取り組みが提案されるのか，あるいは，単に「何もしない」のか。今後の動向により，アメリカの真に志向する方向性が見えてくることになる[43]。

＊初出──「高等教育における狭い範囲の人種的考慮の許容と，州有権者の政策選択の自由―平等権法理の動向」ジュリスコンサルタス（関東学院大学法学研究所紀要）24号（2015年）57頁

---

43) 川島正樹『アファーマティヴ・アクションの行方』（名古屋大学出版会　2014年）は，アファーマティブ・アクションを，現代史の観点から概観する。

第 12 章
パラドクスからの脱却

　平等保護条項・平等権解釈の奇妙なパラドクス，つまり，「マジョリティー・グループのメンバーを守るために，*Brown* 判決に訴え」るような事態を打開するためには，どうすればいいのだろうか。
　まず，アメリカ憲法理論がどのように応答しているか，みてみよう。

1　アメリカ憲法理論の挑戦

　平等権のパラドクスにどう対処するかには，論者によって大きな差がある。ひとつは，平等保護条項に依拠することをやめ，ほかの理由付けや手段によって，実効的な権利保障をはかるという方法である。ベル（D. A. Bell）は，教育の格差や経済的格差が改善しないことに対し，平等保護条項でなく，州レベルの教育を受ける権利等に依拠して保障の実をあげること，また，貧困に苦しむ人々と連帯し，政治的活動によって状況を改善することを主張した[1]。ヨシノ（K. Yoshino）は，判例の状況を，連邦最高裁は，実務において，平等と自由の区別を忠実には守らず，デュー・プロセス条項を，貧者，出身国，人種，宗教，性的志向によるマイノリティー，女性に関連した平等を保護するために使ってきた，とみる。反対に，平等保護条項を，旅行の自由，投票権，裁判を受ける権利などのある種の自由を保護するために，用いてきた，とする。そして，最高裁は，新たなグループや，新たに認知されたグループの出現から生じた[2]，多元主義に対する不安から，平等権の訴えに門戸を閉ざしているが，かわりに自由に関する判決には扉を開いている，とする[3]。そのた

---

1) Derrick Bell, Silent Covenants ― Brown V. Board of Education and The Unfulfilled Hopes for Racial Reform (2004). ベルによれば，*Brown* 事件で人種統合を優先する戦略をとったことは誤りだった。教育の格差や経済的格差は改善していない。人種平等を再定義する必要がある。政治活動によってしか，改善が望めない。
2) Kenji Yoshino, *The New Equal Protection*, 124 Hrv. L. Rev. 747, 751 (2011).

め，平等保護条項よりも，他の条項をもちいて，自由の問題として構成し，反発を抑えて実をあげることを提言する。これらの理論は，しかし，平等保護条項を有効ならしめようという観点からは，解決とはいえない。

事案のコンテキストに着眼し，PICS事件[4]におけるブライア（S. G. Breyer）裁判官のように，文脈に即した解決を探るという方向もある。さらに，フィス（O. M. Fiss）らが提言するような，平等保護条項は，劣位に置かれたグループや，グループに属する個人に，さらに不利益を与えるような規制に対して発動するもので，積極的是正措置は平等保護条項違反の問題を惹起しない，など，判例の流れに再考を促す根本的な代替的解釈が1960年代から提示されている[5]フィスは，グループの権利，あるいは個人の属性をとりこんだ分析により，平等権解釈を軌道修正する試みを続けている[6]。

フィスはグループの権利を標榜することで知られている。もともとある事由により人をカテゴライズして立法を行ったり，政策を行ったりするのは，不可避なことであるが，個人と国家を前提とした社会契約にもとづき，中間の団体を認識しない古いタイプの憲法では，社会的な「グループ」を憲法解釈に読み込みにくい。また，グループ単位で優遇措置を実施するとなると，ある個人がどのようなグループに属するのかを決せねばならないという困難が生じる。フィスが互換的なものとして主張するどのグループに属するかという「個人の属性の問題」[7]と考える方が，その個人が特定の場面で不利益を受けている理由が何なのか認識すれば済むので，より解

---

3) *Id.* at 749.
4) Parents Involved in Community Schools v. Seattle School District No1, 551 U. S. 701 (2007).
5) フィスら，Yale Law Schoolを中心とするanti-subordination法理の論者による。Owen M. Fiss, *Groups and the Equal Protection Clause*, 5 PHIL. & PUB. AFF. 104 (1976). このほか，Sergio J. Campos, *Subordination and the fortuity Of Our Circumstances*, 41 U. Mich. J. L. Reform 585 (2008), Jed Rubenfeld, *Affirmative Action*, 107 YALE L. J. 427, 461 (1997), Reva Siegel, *Why Equal Protection No Longer Protects: The Evolving Forms of Status-Enforcing State Action*, 49 STAN. L. REV. 1111, 1134-46 (1997), R. Sunstein, *The Anticaste Principle*, 92 MICH. L. REV. 2410 (1994)など。
6) 注（382）拙稿「公共工事におけるアファーマティブ・アクションと平等保護の合憲性審査基準」参照。
7) Owen M. Fiss, *Affirmative Action as a Strategy of Justice*, 17 PHIL 1. & PUB. POL'Y 37 (1997)では，代替的に，あるグループに属することで個人にシーリングがかけられる不正義を救済する，と論ずる。これについて，横田耕一「『集団』の『人権』」公法研究61号（1999）46頁参照。

釈上の困難を避けられる。ただし，その個人は，特定の属性の故に不利益を受けているが，全体としてみれば，むしろパワフルなエリートに属するというような場合は，無論ありうる。

一方で，シーゲル（R.B. Siegel）は，裁判所が反隷属理論の立場をとるのを避けたのは，グループの関係への着眼が，それによって構成される政治構造的意味合いをもつためであり，これが，最も力のある特権階級をおびやかすからである，と指摘する[8]。グループの権利を観念することには困難があるが，かといって，実際にある集団や，集団の間の権力構造を無視することは，問題の本質の理解を妨げる。

2 日本国憲法 14 条への提案

1 平等権を捉えなおす

すでに述べたように，日本国憲法 14 条の平等権も，平等権のパラドクスから自由ではない。パラドクスから脱却するには，まず，平等保護条項同様，平等権のとらえかたを，根本的に軌道修正する必要がある。

日本国憲法の平等権規定，また，アメリカ憲法の平等保護条項には，いずれも必然的に再配分を生じるが故に，それを阻むような「中立的」解釈が目指され，その結果，平等権あるいは平等権規程が無力化され，効力を発揮できなくなるという明らかな傾向がある。

平等権規程，あるいは，そのモデルである平等保護条項には，差別を受けたマイノリティーの保護・救済をはかるという役割を負って生まれたが，万人のための，万人に同じように働く平等権や平等保護規定は，これとは異質のものである。

アメリカ合衆国憲法下では，最初にこの問題が提起されたのは，*Slaughter-House Cases*（1872）[9]であった。この事件では，ルイジアナ州がニューオリンズで家畜の陸揚げ，集荷，係留および屠殺に関する会社を設立し，当該会社の施設でのみこれらの業を行うことができるとしたため，この会社の施設を料金を支払って利用せざるを得なくなった既存の業者が提訴を行った。法廷意見は，修正 13 条，14 条，15 条の主目的が解放されたアフリカ系市民の権利保障を主目的としたものであるとしな

---

8) Reva B. Siegel, *Symposium: Brown at Fifty: Equality Talk: Antisubordination and Anticlassification Values in Constitutional Struggles over Brown*, 117 Harv. L. Rev. 1470, 1544 (2004).
9) Slaughter-House Cases, 83 U.S. (16Wall) 36 (1872).

がら，メキシコ系，中国系市民の強制労働が奴隷制に発展した場合，との例を挙げ，アフリカ系市民に対象が厳密に限られるわけではないと判示した。修正14条の平等保護条項についても，「クラスとしての黒人や，彼らの人種を理由として黒人に向けられたのではない州の差別的行為が，この条項の保護の範疇に入るのかどうかどうか疑わしい（We doubt very much whether any action of a State not directed by way of discrimination against the negroes as a class, or on account of their race, will ever be held to come within the purview of this provision.）」と判示した[10]。各反対意見は，修正14条の文言がより一般的であるとの主張をしていた。

たとえば，修正14条は，1864年公民権法の合憲性を根拠づけるものとして制定されたが，1864年公民権法は，クー・クルックス・クラン（Ku Klux Klan）がテロの対象としていた白人の運動家の保護をも意図していたため，白人が対象に含まれると解釈するのは，歴史的に正しい。しかし，「アフリカ系アメリカ人に対する差別を背景とし，それ（から生ずる害）を救済するものかどうか」という点から見ると，Slaughter-House Cases の事案自体が修正14条のスコープから外れている。

特定の歴史的なコンテキストに射程が限定されないとしても，平等保護条項が有効に働くためには，政治的に力ない者という意味での「なんらかのマイノリティーに対する差別を背景とし，それ（から生ずる害）を救済するものかどうか」という文脈の限定が必要である。この限定をついに欠いたことが，アメリカの平等権理論の，長い斜陽を招いた[11]。

そうしたパワー・ストラクチャーからくる財の配分の（極端な）かたよりがそもそもなければ，平等権の側面から解決されるべき問題ではないとみるべきであろう。具体的には，こうした平等権の核心的な事案には[12]，そして，それらにのみ，厳格審査[13]を適用するということになろう。14条後段の諸区分は通説的には例示列挙と

---

10) Id. at 82.
11) Schuette 事件の口頭弁論で，スカリア裁判官は，先例が決してこのような立場を認めたことがない，として，弁護団の主張を退けている。
12) 2014年7月19日憲法理論研究会ミニシンポジウム「平等関連判例の地殻変動」の発表準備における巻美矢紀教授の表現に倣った。巻教授に謝意を表する。
13) 参考までに，アメリカの例では，女性差別の場合にとられる合憲性審査基準である，いわゆる中間審査は，歴史的な背景を持つ女性の排除や，特定の性別の者のカテゴリカルな排除など，類型によって厳格化し，厳格審査に接近している。拙稿「アメリカにおける女性に対するアファーマティブ・アクションの動向」同志社アメリカ研究38号（2002）87頁参照。

考えられており，リストに登場するかどうかは，決定的な意味をもたない。さらに，列挙された区分を用いた法条や処分が，すべてことさらな注視に値するものでもない。列挙されている区分を用いたものの中で，あるいは，列挙されていない区分を用いたものでも，マイノリティーとマジョリティーの権力関係を背景にした，財の配分の偏りを示すものこそが，平等権の排除しようとするもの，厳格審査を惹起するべきものである。このような理解からは，マジョリティー，つまり，政治的に力あるグループに属する個人は，原則として，この条文が権利として発動する場合には，その保護の核心からは外れることになる。

　従って，ただ重要な基本的権利に関する「平等」が主張されているからといって，その実体問題が平等権の見地から解決されるべきだとは限らない。たとえば，特段，マイノリティーへの差別的取り扱いが関連しないところでの定数不均衡は，むしろ，平等権の見地からすれば辺縁にある事案で，民意をどのように反映させるかという見地から，より15条その他の参政権にかかわる条文の文脈で検討されるべきである。国籍法の事案は，日本人の父をもつが，国籍を得られず，権益を享受できないマイノリティー，つまり政治的に力弱い者にかかわるものとみれば，平等権の核心的な問題であるようにみえる。日本人の父をもつ婚外子について，権力関係の存在が否定されるわけではなく，子の人権保障は別途議論されねばならない。ただし，国籍の取得そのものについては，だれが特定の集団の構成員であるかについては，少なくともある部分は憲法以前の問題であると考えられるため，むしろ，国籍がどのようなものであるかという文脈に焦点を当てた分析を要したであろう[14]。公務就任権の事案については——原告が外国人であることについては，国際人権規約人権委員会から，日本が在日外国人を長く「外国人」の地位に置くことで，国内問題とすることを避けているとの批判があることを書き添えておく——参政権的な側面に重点をおいた判断がなされたが，「マイノリティー」の雇用に関わるもので，平等権の核心的な問題であった。

　特定の「タイプ」の事案——例えば，定数不均衡のような——が，常に平等権の射程に入る問題なのではない。特定の文脈，あるいは背景をもつ事案，つまり，マジョリティーとマイノリティーが存在し，財の再配分が要請されるような状況が存

---

14) 日本国憲法10条をうけた立法府の裁量の問題とみるべきであった。但し，集団の構成員たるルールは固定的でなく，変更，刷新されること，人権保障との調整が必要である場合があること，そして，人権が国家に規定されないという立場には，実際の保障がなされているかどうかがより問題であることを付記する。拙稿「判例評釈国籍法違憲事件大法廷判決」関東学院法学19巻3号（2010）161頁参照。

在する事案が，平等権の問題なのである[15]。

再度，14条のもとで，実質的平等の見地からの救済を，社会権規定に転嫁することが通説的であることを思い出して欲しい。日本国憲法が，「生存権的基本権」保障に転じたとしても，平等権には，すでに述べたような固有の保障がある。そのような見地から，法の下の平等，平等権に立ち返った課題をいくつか挙げると，まず，救済施策を実施する政府の義務は，どのような場合にも全く生じ得ないのか，という問題がある。甚だしい差別の影響から，社会経済的な不利益を負ったままの少数者に対し，社会権に基づく施策が対応するのみだとしたら，そこには，侵害と救済の非対称からくる不公正がある。問題を正面からとらえ，平等権規定の下で，救済の途を探るべきであるが，この点，裁判規範としても，立法不作為の違憲確認請求が可能だと解するとみられる，佐藤説[16]にみるべきものがある。今般の判例動向の変化により，例外的な場合には，立法不作為に基づく国家賠償の途が開かれたことも念頭におくべきであろう[17]。

逆に，マジョリティーとマイノリティーの権力構造の問題からくる財の配分の（極端な）かたよりがそもそもなければ，平等権の核心的な問題ではない，と述べたが，留意すべき点がひとつある。マイノリティーとマジョリティーの間の権力構造は，しばしば（故意に）認識されず，あるいは，社会的に顕在化しない。そのため，そのような力関係の存在は，慎重に検討され，事案の解決において，常に疑われねばならない。たとえば，女性差別が認識されたのは，わずか数十年前の1970年代のことで，男女雇用機会均等法の制定は，1973年である[18]。障害者差別は70年代から主張されてきたが，障害者差別禁止法の制定は2013年である[19]。アイヌ

---

15) したがって，ヨシノの把握は，アメリカ最高裁の解釈傾向の把握としては正しいかもしれないが，平等保護条項の理解という点では多少乱暴である。
16) 佐藤幸治『憲法［第三版］』（青林書院，2003年）418頁。
17) 在外邦人の選挙権にかかわる，最大判平成17年9月14日民集第59巻7号2087頁。
18) 女性の雇用におけるアファーマティブ・アクションに関し，戸田綾美「アファーマティブ・アクションを求めて―東京都男女雇用平等条例案の目指すもの」労働法律旬法1301号（1992）14頁。また，大脇雅子『平等のセカンド・ステージへ』学陽書房（1992）172頁以下，190頁参照。具体的なプログラム案として，労働政策企画プロジェクトチーム報告「働きがいと生きがいのある社会の実現をめざして」，神奈川県自治総合研究センターの条例化・平等委員会・平等推進団設置案，平等推進会議ETAの会による東京都男女平等条例案が紹介されている。神奈川県自治総合研究センター『平等な社会を求めて―アファーマティブ・アクションの研究』（1991）220頁以下参照。

民族への差別は海外では広く知られていたが，80年代後半の憲法基本書には，ほとんど記載がなかった。1997年に二風谷訴訟札幌地裁判決[20]がアイヌ民族を先住民と認め，同年アイヌ文化振興法が制定されたが，貧困をはじめ，いまだ多くの課題が残る[21]。

❷ 平等権を有効ならしめるために

　どのようにすれば，平等権を規範として有効に生かしうるだろうか（マジョリティーはそうしたくないかもしれないのだが）。
　そのためには，常に，事案のコンテキスト——権力構造——に着眼し，具体的な差別解消にとりくむ解釈と救済手法が必要である。

①権力構造の存在と財の偏在を認識する　差別はふつう，見えない，または差別する側，差別されようとする側の双方から「見ようとされない」社会学的傾向がある。ボニーラ-シルヴァ（E. Bonilla-Silva）は，アメリカの人種差別について，社会学的分析を行い，その結果によってアメリカ人自身を驚かせた[22]。だれしも，自分が差別していると思いたくはないし，差別されているとも思いたくない。そこに，平等権が財の再配分を引き起こすという現実的な事情が加味されるため，権力構造の存在は，（しばしば故意に）認識されにくい。
　また，構造的な差別は，ふつう，不利益を受ける当人には，直接的な形で向けられていない。そのため，まず，権利侵害そのものを認識しにくい。そうした場面で，政治部門には，背景とその帰結——財の偏在を捉え，積極的な救済策を行うことが必要となろう。また，構造的な差別では，同じく差別が直接には不利益を受ける当人に向けられていないという理由で，侵害に対する「救済」をストレートには観念

---

19) 四国学院大学は，①キリスト者②被差別部落出身者③被差別少数者④身体障害者⑤課外活動⑥海外帰国子女，のカテゴリーを設け，各5名程度の定員募集を行っていることを説明する。選考は，書類選考と面接試験によって行われる。末吉高明「大学におけるアファーマティブ・アクションの試み　四国学院大学特別推薦入学選考」部落解放379号94頁（1994）。また，http://www.sg-u.ac.jp/view.rbz?cd=1361#gakubuap（2014年11月20日最終閲覧）。
20) 札幌地判平成9年3月27日判時1598号33頁。
21) 伊藤正己「アファーマティブ・アクション」日本學士院紀要48巻2号（1994年）83頁は，アイヌ民族，同和問題などをアファーマティブ・アクションの検討されるべき領域として挙げる。
22) Eduardo Bonilla-Silva, Racism Without Racists (4th. ed. 2013)

しにくい。司法権との関係では、なお、背景によっては構造的な差別が行政訴訟や民事訴訟の形で浮上した場合に、それを平等権の問題ととらえ、救済を与えるかどうか、裁判所の判断が問われることになる[23]。

②**差別解消に取り組む救済手法**　権力構造の存在を背景にした財の偏在——差別——の解消のためには、各事案のこうした具体的な背景に取り組む救済手法が必要である。

すでにあげた、裁判所の判例における、立法不作為に基づく国家賠償請求も、その1つの可能性である。不作為の違憲確認は、ハンセン病国家賠償訴訟熊本地裁判決[24]で注目され、その後、在外邦人の選挙権に関する事件の上告審[25]で最高裁が採用した。立法内容又は立法不作為が国民の権利を違法に侵害するものであることが明白な場合や、国民の権利行使の機会を確保するため「立法措置を執ることが必用不可欠であり、それが明白であるにもにかかわらず、国会が正当な理由なく長期にわたってこれを怠る場合などには、例外的に、国会議員の立法行為又は立法不作為は、国家賠償法1条1項の規程の適用上、意見の評価を受けるべきもの」であるとされた。甚だしい差別が存在し、それに対しいっこう救済措置がなされない「例外的な場合」、平等権侵害に基づく立法不作為に基づく国家賠償は考慮しうる手段の1つであろう。

もう1つ、興味深い例を紹介したい。日本では、いっこう解決に向かわない女性差別解消に、クォータ（割当制、quota）を導入しようという議論がある。政治部門による施策の導入による救済の試みの提案である。

日本は、2012年12月の衆議院総選挙では、女性議員が前回の54人から16人減少し、38人となり、比率にして7.9%、190カ国中162位である[26]。選挙制度に加え、各政党の候補者選出過程が女性議員の選出を阻んでいる可能性が指摘される[27]。男性と女性の有権者の政治的意見には、統計上差がみられることが報じられている[28]。代表の選出において、公正さや民主的な正統性に疑問がもたれ[29]、女性有権者の意

---

23) 糠塚康江・吉田仁美著『エスプリ・ド・憲法』（ナカニシヤ出版、2012年）141-143頁〔吉田〕参照。
24) 熊本地判平成13年5月11日、訴月第48巻4号881頁。
25) 最大判平成17年9月14日、民集第59巻7号2087頁。
26) 三浦まり「クォータ制と日本の課題」国際女性27号（2013）96頁。
27) 三浦・前掲注26) 99頁。
28) 三浦・前掲注26) 97頁。
29) 三浦・前掲注26) 99頁。

見が公正に議会に反映されていないことは，結果としてとられる政策が真に公正で民主的なのかどうかをも疑わしくする。

EU諸国では，1996年依頼，経済，政治参加，雇用等の分野で実施されている[30]。政治参加や雇用にクォータ制を導入したのは，ノルウェーが起源だとされる[31]。アルゼンチンでは，1991年に女性クォータ法により，候補者クォーター制を実施して，成果をあげている[32]。フランスが，女性の政治参加を拡大するために，1999年に，憲法改正によりパリテを導入したのも，記憶に新しい[33]。ドイツ基本法3条2項は1994年に改正され，女性の事実上の不利益を是正することが許容された[34]。基本法の下で，女性の過小な領域で女性比率を高める政策がとられ，2001年連邦平等法が，公務部門でのポジティブ・アクションを基礎づけている。ただし，EU均等待遇指令の2条1項及び4項に反するという欧州司法裁判所の判決に従い，女性を「絶対的かつ無条件に」優先する厳格なクォータはとられない。ただし，個人の特有な状況を考慮するものなら，優遇施策は許容されると解されている[35]。ヨーロッパ以外でも，韓国が2000年代から多様な領域で多様なポジティブ・アクションが導入されている[36]。世界100ヶ国が，クォータを導入している[37]。

一方，アメリカでは，*Bakke*判決で違憲とされて依頼，割当制は違憲とする解釈が定着している。人を，人種という1つの要素で定義づけ，他から分離して処遇することが問題視される故だが，女性に対するアファーマティブ・アクションの文脈でも，この解釈が踏襲されている[38]。アメリカが，現実の格差に手つかずのまま，割当制を排除し，さらにアファーマティブ・アクションを非常に狭い範囲に限るのは——ヨシノが指摘するように，多元主義への危惧が要因か——世界的に見て，実は特異なのかもしれない。

ある属性のみを理由に，一定の者を優遇することには，普遍主義——国民の等質性——を基礎とした憲法理論上，また，そうしたものが読み込まれた平等原則のも

---

30) 柴山恵美子「EU—平等な経済的自立のための戦略」国際女性27号（2013）63頁。
31) 三井マリ子「クオータ制発祥の国ノルウェー」国際女性27号（2013）69頁。
32) 2012年12月に下院の37.4%が女性とされる。菊池啓一「アルゼンチンとクオータ制」国際女性27号（2013）93頁。
33) 糠塚康江『パリテの理論—男女共同参画の技法』（信山社，2005年）。
34) 有澤知子「ドイツとクオータ制」国際女性27号（2013）78頁，79頁。
35) 有澤・前掲注34) 89頁。
36) 申琪榮「韓国とクオータ制」国際女性27号（2013）87頁。
37) 三浦・前掲注26) 96頁。
38) 拙稿「アメリカとクオータ制」国際女性27号（2013）83頁。

とで，問題を生じる。フィスが1960年代以来のグループの権利と互換的に，グループに所属するという個人の属性を平等保護条項のもとで認識すべきことを主張するように，パリテは，属性によって，個人の取り扱いをかえる。パリテ原則は，普遍主義的憲法学の理論枠組みにとって「異物」であり，国民主権——代表制原理，平等の射程にかかわる理念に問題提起を行う，との指摘がある[39]。

　フランスのパリテを紹介する議論の中では，市民資格の普遍性や，代表原理の一般性に基づくフランス的な普遍主義を重視する議論[40]への言及がなされ，これとの調整をはかる具体化された普遍主義（差異主義の視点を取り入れた普遍主義）の議論が紹介される。また，フランス的な「法の前の平等」に発する，国民の同質性に基礎をおいた平等原則が，平等権（権利の平等），「法における平等」を経て，「法による平等」に理論展開したことが説明される[41]。

　アメリカでは，起草時の北部と南部の妥協による，アメリカ憲法の5分の3ルール（奴隷一人を定数配分に関連して人口の5分の3人と数える）の導入や，それでもなお起草者が「奴隷」という表記を回避したことをめぐる相克や，*Dred Scott*事件[42]，また，それを発端として，ついに南北戦争が勃発した経緯が前提としてある。南部のプランテーション経済を支える奴隷制を内包するが故に，理論的な「国民の同質性」をフランスのように単純には観念しえなかったアメリカは，奴隷解放ののちも，その簡単には解消されない残滓に苦しみ続けた。アファーマティブ・アクションは，いわば，理論的に「平等であるべきものを平等にするため」に，その前提としての現実の状況を整えるための施策として導入された。平等保護条項を含む修正14条は，アフリカ系の原告に市民権を認めず裁判所への出訴権を認めなかった*Dred Scott*判決を覆し，アフリカ系市民の市民権を確認する条項をまず含む。修正14条はアメリカがフランスでいうところの普遍主義——アメリカ独立宣言が "All men are created equal" というような場合の equality，あるいは *poitical equality*[43] とされるもの——の理論に立ち返ることを可能にし，これを実質的に確保する，修正14条に先立つ公民権法の規程を，あらためて基礎づける目的で制定された。

---

39) 糠塚康江「Ⅱパリテが提起する普遍主義的憲法学の課題—パリテ法の展開」辻村みよ子編『世界の男女共同参画とポジティブ・アクション』（東北大学出版会，2004年）117頁，139頁。
40) 辻村みよ子『ポジティヴ・アクション』（岩波新書，2011年）114頁，115頁。
41) 辻村，前掲注40）ポジティヴ・アクション 119頁。
42) Dred Scott Case〔Scott v. Stanford〕, 60 U.S. (19 How.) 393 (1857). 根本猛「奴隷制と合衆国最高裁」別冊ジュリストアメリカ法判例百選（2012）74頁。
43) Jeremy Waldron, Dignity, Rank, & Rights (2012) 16.

フランスの平等の理論は，むしろ，普遍主義がそのままでは必ずしも現実を捉えないことに気づき，これに修正を加えた。しかし，アメリカは，奴隷制から生じた差異や格差を是正することで，条件をととのえ，普遍主義を観念しようとやっきになってきた。そして，1970年代からは，むしろ，アファーマティブ・アクションにより実現しようとした「普遍主義」の理念に依って逆手を取った形の，また，「普遍主義」の現実的側面である「国民がもともと多様である」という事実を指摘することによる，逆差別の訴えによって，アファーマティブ・アクションと，それを含む平等保護の射程までもが，格差を積み残したまま縮小を続けている。

改めて，日本国憲法の14条の規定ぶりは，まず「すべて国民は，法の下に平等であって」，として「法の下の平等」を規定し，さらに踏み込んで，「人種，信条，性別，社会的身分又は門地によって」「差別されない」と規定している。GHQの起草によるものでありながら，まず大陸法的な「法の前の平等」に通ずる前段が「普遍主義」——市民資格の平等——にもとづく「法の前の平等」に通ずる「法の下の平等」を規定したものであると解される。通説は法の下の平等を，法適用の平等・法内容の平等を含むものとし，さらに形式的平等・実質的平等をとりこんだ「平等原則」と解してさらに具体化する。実質的平等を社会権規定でなく14条が保障すべきことについては，既に述べた。

後段は，さらに「平等権」を規定する。平等権規定は，「普遍主義」に連なる「平等原則」を前提にしながらも，特定のコンテキスト（マジョリティーとマイノリティー（政治的に力弱い者）の権力構造からくる財の配分の不均衡）の中で働くことが予定された，具体的な権利保障として規定されている。究極的には普遍主義の実質を担保し，これを実現するために，この規定は働く。

14条のもとでも，安易に，クォータをはじめとする優遇施策がとられてはならないことはもちろんである[44]。アファーマティブ・アクション，またはポジティブ・

---

44) 戸松秀典「平等原則とアファーマティブ・アクション（〈特集〉日本国憲法50年の軌跡と展望）—（第二部日本国憲法理念の定着と変容）」ジュリスト1089号（1996）185頁は，自由・原理について，いかなる内容の憲法秩序とするのかを探求しない限り，アファーマティブ・アクションの採用について，コンセンサスが得られない，アファーマティブ・アクションのような強力な実効性，執行力をともなう法制度は日本社会に受け入れられないのではないか，目的である事実上の差別の解消のため，広く性差別の実態について検討を加える必要があるが，そのような雰囲気が日本にはなく，差別問題全体を見通した政策決定を行うことがきわめて困難であるとして，アファーマティブ・アクション導入に消極的な立場。しかし，これらのことは，取り組み中ので漸進的にしか，かたちをなしていかないのではないだろうか。

アクションを正当化する際には，おおむね，他に差別解消の手段がないことが理由とされる。クォータ制の導入を支持する議論は，差別禁止の「例外」ではなく，「戦略的」に，クォータを導入するのだと説明している[45]。あまりに差別解消が遅々として進まず，抜本的な改善の努力がなされないという背景があってはじめて，「戦略的」なクォータの導入という議論は基礎をもちうる。司法の場でその合憲性が問われるときも，特定の背景の存在——解消しがたい権力構造と財の偏在——が施策の「合理性」（判例による基準によれば）を担保する。

　日本国憲法の14条がその後，「法による平等」にまで発展したかどうかはおいて，クォータ導入の議論が女性差別に根をもち，「普遍主義」をいまだ留保なく語ることができない状態にあると認識しうる限り，14条は，これを基礎付けうるであろう。

---

45) 近江美保「CEDAW の一般韓国・総括所見とクォータ制」国際女性27号（2013）59頁。

おわりに

　日本国憲法下でも，発動すれば，財の再配分を引き起こし，強い効果を発する14条は，「中立的に」解釈されようとする傾向がある。その明らかな例が，実質的平等の，社会権規定への転嫁である。

　アメリカでは，アファーマティブ・アクションの合憲性をめぐって，平等権の解釈が主に合憲性審査基準の問題を巡って争われてきた。しかし，アファーマティブ・アクションと差別事案を区別する解釈が否定され，アファーマティブ・アクションにも差別事案と同様厳格審査が適用されるようになり，それがさらに厳格に運用されるようになって，アファーマティブ・アクションの実施がますます難しくなった。

　人種差別を廃そうとした平等保護条項が，逆に，救済施策の実施を阻むように解釈されることは，別異取り扱いの背景を検討しようとせず，万人に中立的に適用される平等保護条項解釈の志向に問題がある。

　アメリカでは，平等保護条項の理論のレベルで，平等権は，劣位にあるグループの地位をさらに低下させるような場合に救済を与えるもの，あるいは，劣位にあるグループに属する個人の地位をさらに悪化させるような場合に適用されると考える反従属理論が，フィスを嚆矢としたイェール・ロースクールを中心とする学派により唱えられている。

　日本国憲法14条についても，その解釈を再考・整理し，平等権の保障を有効ならしめる必要がある。14条の平等権の保障にもまた，「マジョリティーと，政治的に力ない者という意味でのマイノリティーの権力構造を背景とし，それ（から生ずる害）を救済するものかどうか」という文脈の限定が必要である。そうしたパワー・ストラクチャーからくる財の配分の（極端な）かたよりの存在を前提とし，背景に即した具体的な救済手段──場合によっては，立法不作為に対する国家賠償や，アファーマティブ・アクションまたはポジティブ・アクションといった積極施策の実施──を許すものとして解釈してこそ，14条は，平等権のパラドクスから自由な，有効な規定として平等権を保障し，ひいては，平等原則を，そして，「普遍主義」と，これに基づく自由主義的民主主義を基礎づける条文でありえる。

刊行にあたって

　本書の出版にあたっては，長年ご指導頂いた，釜田泰介先生，多大なご助力を頂いた藤倉皓一郎先生に，特に感謝の意を表したい。また，宮川成雄先生には，早稲田大学比較法研究所の研究プロジェクトにお加え頂き，研究を進めるうえで貴重なご教示を頂いた。このほか，名前を逐一あげることはできないが，多くの先生方から，研究会の場などでご教示，ご指導を受けた。

　また，行論に挙げたほかにも，多くの内外の先行研究から学び，刺激を受けた。

　本書の出版に際しては，関東学院大学法学会の出版助成を受けた。また，編集をご担当くださったナカニシヤ出版第二編集部の米谷龍幸編集長のご助力がなければ，本書を出版にこぎつけることはできなかった。心からの御礼を申し上げる。

2015 年 2 月 12 日

吉田仁美

判例索引

【アメリカ】

A

Abrams v. Johnson, 521 U. S. 74 (1997)　　*95*
Adarand Constructors, Inc. v. Mineta, 532 U. S. 941 (2001)　　*104*
Adarand Constructors, Inc. v. Mineta, 532 U. S. 967 (2001)　　*105*
Adarand Constructors, Inc. v. Mineta, 534 U. S. 103 (2001)　　*105*
Adarand Constructors, Inc. v. Pena, 515 U. S. 200, 115 S. Ct. 2097 (1995)　　*45, 64, 66, 68, 78, 79, 80, 81, 84, 85, 87, 89, 90, 108*
Adarand Constructors, Inc. v. Pena, 965 F. Supp. 1556 (1997)　　*102*
Adarand Constructors, Inc. v. Slater, 169 F. 3d. 1292 (1999)　　*102*
Adarand Constructors, Inc. v. Slater, 528 U. S. 216 (2000)　　*103*
Adarand Constructors, Inc. v. Slater, 228 F. 3d 1147 (2000)　　*104*

B

Baker v. Carr, 369 U. S. 186 (1962)　　*8*
Bartlett v. Strickland, 129 S. Ct. 1231 (2009)　　*41*
Board of Education of Oklahoma City Public Schools v. Dowell, 111 S. Ct. 630 (1991)　　*124*
Bolling v. Sharpe, 347 U. S. 497 (1954)　　*49*
Bond v. United States, 131 S. Ct. 2355, 2364 (2011)　　*148*
Brown v. Board of Education, 347 U. S. 483 (1954)　　*38, 121*
Brown v. Board of Education, 349 U. S. 294 (1955)　　*38, 44, 121*
Buckley v. Valeo, 424 U. S. 1, 93 (1976)　　*51*

C

City of Dalls v. Dallas Fire Fighters Association, 526 U. S. 1046 (1999)　　*101*
City of Richmond v. J. A. Croson Co., 488 U. S. 469, 109 S. Ct. 706 (1989)　　*45, 60, 72, 111, 126*
Coalition for Ecomomic Equity v. Wilson, 522 U. S. 963, 118 S. Ct. 397 (1997)　　*99*
Coalition for Economic Equity v. Wilson, 122 F. 3d 692 (1997)　　*99, 148*
Coalition to Defend Affirmative Action v. Regents of Univ. of Mich., 133 S. Ct. 1633 (2013)　　*143*
Coalition to Defend Affirmative Action v. Regents of Univ. of Mich., 652 F. 3d 607 (2011)　　*143*
Coalition to Defend Affirmative Action v. Regents of Univ. of Mich., 701 F. 3d 466 (2012)　　*140, 143*
Coalition to Defend Affirmative Action v. Regents of Univ. of Mich., 539 F. Supp. 2d 924 (2008)　　*143*
Coalition to Defend Affirmative Action v. Regents of Univ. of Mich., 539 F. Supp. 2d 948 (2008)　　*143*

D
Detroit Bank v. U. S., 317 U. S. 329 (1943)　　*48*
Dred Scott Case [Scott v. Stanford], 60 U. S. (19 How.) 393 (1857)　　*165*

F
Fisher v. University of Texas at Austin, 133 S. Ct. 2411 (2013)　　*129, 140, 144*
Fisher v. University of Texas at Austin, 758 F. 3d. 633 (2014)　　*140*
Fisher v. University of Texas at Austin, 645 F. Supp. 2d 587 (2009)　　*132*
Freeman v. Pitts, 503 U. S. 467, 112 S. Ct. 1430 (1992)　　*124*
Frontiero v. Richardson, 411 U. S. 677 (1973)　　*50*
Fullilove v. Klutznick, 448 U. S. 448 (1980)　　*54, 60, 68, 70, 81*

G
Gratz v. Bollinger, 539 U. S. 244, 123 S. Ct. 2411 (2003)　　*106, 111, 131, 142*
Gratz v. Bollinger, 135 F. 2d. 790 (2001)　　*102*
Gratz v. Bollinger, 122 F. Supp. 2d 811 (2000)　　*102*
Grutter v. Bollinger, 539 U. S. 306, 123 S. Ct. 2325 (2003)　　*36, 106, 109, 115, 130*
Grutter v. Bollinger, 137 F. Supp. 2d 821 (2001)　　*102*

H
Hampton v. Mow Sun Won, 426 U. S. 88 (1976)　　*51, 69*
Hervering v. Hallock, 309 U. S. 106 (1940)　　*89*
Hirabayashi v. U. S., 320 U. S. 81 (1943)　　*48*
Ho v. San Francisco Unified School Dist. 147 F. 3d. 854 (1998)　　*147, 151*
Hopwood v. Texas, 78 F. 3d 932 (1996)　　*36, 95, 97, 130*
Hunt v. Cromatie, 526 U. S. 541 (1999)　　*95*
Hunter v. Erickson, 393 U. S. 385 (1969)　　*144*

J
Johnson v. University of Georgia, 263 F. 3d. 1234 (2001)　　*102*
Johnson v. University of Georgia, 196 F. Supp. 2d 1362 (2000)　　*102*

K
Korematsu v. U. S., 323 U. S. 214 (1944)　　*49*
Kromnick v. School Dist. of Philadelphia, 739 F. 2d. 894 (1984)　　*59*
Kromnick v. School Dist. of Philadelphia, 469 U. S. 1107 (1985)　　*59*

L

Local 28 of Sheet Metal Workers' International Association v. EEOC,
  478 U. S. 421, 106 S. Ct. 3019 (1986)   *55*
Local Number 93, International Association of Firefighters v. City of Cleveland,
  478 U. S. 501, 106 S. Ct. 3063 (1986)   *55*
Loving v. Virginia, 388 U. S. 1 (1967)   *50*

M

MacLaughlin v. Florida, 379 U. S. 184 (1964)   *50*
Metro Broadcasting Inc. v. FCC, 497 U. S. 547, 110 S. Ct. 2997 (1990)   *45, 63, 64, 68, 74,*
  81, 97, 147
Milliken v. Bradley, 418 U. S. 717 (1974)   *124*
Milliken v. Bradley, 433 U. S. 267 (1977)   *124*
Missouri v. Jenkins, 490 U. S. 33 (1990)   *124*
Missouri v. Jenkins, 515 U. S. 70, 115 S. Ct. 2038 (1995)   *80, 124*

P

Parents Involved in Community Schools v. Seattle School Dist. No. 1,
  551 U. S. 701, 127 S. Ct. 2738 (2007)   *112, 113, 124, 128, 134, 146, 157*
Plessy v. Ferguson, 163 U. S. 537 (1896)   *38, 87, 126*

R

Reed v. Reed, 404 U. S. 71 (1971)   *50*
Reitman v. Mulkey, 387 U. S. 369 (1967)   *144*
Reynolds v. Sims, 377 U. S. 533, 84 S. Ct. 1362 (1964)   *8*
Romer v. Evans, 517 U. S. 620 (1996)   *153*

S

Schuette v. Coalition to Defend Affirmative Action, 133 S. Ct. 1633 (2013)   *140*
Schuette v. Coalition to Defend Affirmative Action, 134 S. Ct. 1623 (2014)   *140, 141*
Seattle Coral Constr., Inc. v. City and County of San Francisco,
  50 Cal. 4th 315 (2010)   *148, 152*
Shaw v. Hunt, 517 U. S. 899 (1995)   *95*
Shaw v. Reno, 509 U. S. 630 (1993)   *147*
Sheet Metal Workers v. EEOC, 478 U. S. 421 (1986)   *57, 72*
Shelby County v. Holder, 133 S. Ct. 2612 (2013)   *41*
Slaughter-House Cases, 83 U. S. (16 Wall) 36 (1872)   *158*
Smith v. University of Washington Law School, 532 U. S. 1051 (2001)   *102*
Smith v. University of Washington Law School, 233 F. 3d 1188 (2000)   *101*
South Florida Chapter of Associated General Contructors of America, Inc. v.
  Metropolitan Dade County, Fla., 469 U. S. 871 (1984)   *59*

South Florida Chapter of Associated General Contructors of America, Inc. v. Metropolitan Dade County, Fla., 723 F. 2d 846 (1984)　*59*
Swann v. Charlotte-Mecklenburg Bd. of Ed., 402 U.S. 1 (1971)　*123, 124*
Sweezy v. New Hampshire, 354 U. S. 234 (1957)　*133*

T

Texas v. Hopwood, 518 U. S. 1033 (1996)　*95, 98*

U

U. S. v. Paradise, 480 U. S. 149 (1987)　*51, 57, 58, 72, 78, 91*
United States v. Carolene Products Co., 304 U. S. 144 (1938)　*139*
University of California v. Bakke, 438 U. S. 265, 98 S. Ct. 2733 (1978)　*36, 44, 51, 69, 84, 95, 97, 107, 116, 132*

V

Vieth v. Jubelirer, 541 U. S. 267 (2004)　*8*

W

Washington v. Davis, 426 U. S. 229 (1976)　*81, 152*
Washington v. Seattle School Dist. No. 1, 458 U. S. 457 (1982)　*143*
Weinberger v. Weisenfeld, 420 U. S. 636 (1975)　*50*
Williams v. New Orleans, 694 F. 2d. 987 (1982)　*59*
Williams v. New Orleans, 729 F. 2d. 1554 (1984)　*59, 60*
Wygant v. Jackson Board of Education, 476 U. S. 267 106 S. Ct. 1842 (1986)　*55, 71*

【日　本】

最大判平成 5 年 1 月 20 日民集第 47 巻 1 号 67 頁　　　7
最大判平成 5 年 1 月 20 日集民第 167 号 161 頁　　　7
最大決平成 7 年 7 月 5 日民集第 49 巻 7 号 1789 頁　　　7, 12
最大判平成 8 年 9 月 11 日民集第 50 巻 8 号 2283 頁　　　7, 8
最大判平成 10 年 9 月 2 日民集第 52 巻 6 号 1373 頁　　　7
最大判平成 11 年 11 月 10 日民集第 53 巻 8 号 1577 頁　　　7
最大判平成 11 年 11 月 10 日民集第 53 巻 8 号 1704 頁　　　7
最大判平成 12 年 9 月 6 日民集第 54 巻 7 号 1997 頁　　　7
最大判平成 14 年 9 月 11 日民集第 56 巻 7 号 1439 頁　　　8
最大判平成 16 年 1 月 14 日民集第 58 巻 1 号 1 頁　　　8
最大判平成 16 年 1 月 14 日民集第 58 巻 1 号 56 頁　　　7
最大判平成 17 年 1 月 26 日民集第 59 巻 1 号 128 頁　　　7, 10
最大判平成 17 年 9 月 14 日民集第 59 巻 7 号 2087 頁　　　7, 161, 163
最大判平成 18 年 3 月 1 日民集第 60 巻 2 号 587 頁　　　8
最大判平成 18 年 10 月 4 日民集第 60 巻 8 号 2696 頁　　　7
最大判平成 19 年 6 月 13 日民集第 61 巻 4 号 1617 頁　　　7
最判平成 20 年 2 月 19 日民集第 62 巻 2 号 445 頁　　　4
最大判平成 21 年 9 月 30 日民集第 63 巻 7 号 1520 頁　　　7
最大判平成 23 年 3 月 23 日民集第 65 巻 2 号 755 頁　　　7
最大判平成 23 年 3 月 23 日集民第 236 号 249 頁　　　7
最大判平成 24 年 10 月 17 日民集第 66 巻 10 号 3311 頁　　　7
最大判平成 24 年 10 月 17 日集民第 241 号 91 頁　　　7
最判平成 24 年 12 月 7 日刑集第 60 巻 12 号 1337 頁　　　4
最大決平成 25 年 9 月 4 日民集第 67 巻 6 号 1320 頁　　　5, 7, 32
最大判平成 25 年 11 月 20 日民集第 67 巻 8 号 1503 頁　　　7
最大判平成 25 年 11 月 20 日集民 245 号 1 頁　　　7
最大判平成 26 年 11 月 26 日裁時 1616 号 1 頁　　　7
最大判平成 26 年 11 月 26 日裁時 1616 号 1 頁　　　7

札幌地判平成 9 年 3 月 27 日判時 1598 号 33 頁　　　162
熊本地判平成 13 年 5 月 11 日訴月第 48 巻 4 号 881 頁　　　163

略語一覧

判例集，文献の略語は本一覧のほか，一般の慣例による。

(1) 判例略語

最大判（決）	最高裁判所大法廷判決（決定）	労民集	労働関係民事裁判例集
最判（決）	最高裁判所小法廷判決（決定）	訟月	訟務月報
高判（決）	高等裁判所判決（決定）	裁時	裁判所時報
地判（決）	地方裁判所判決（決定）	刑月	刑事裁判月報
支判（決）	支部判決（決定）	家月	家庭裁判月報
簡判（決）	簡易裁判所判決（決定）	集民（刑）	最高裁判所裁判集民（刑）事

(2) 判例集略語

民（刑）集	最高裁判所民（刑）事判例集	判時	判例時報
高民（刑）集	高等裁判所民（刑）事判例集	金判	金融・商事判例
下民（刑）集	下級裁判所民（刑）事判例集	判自	判例地方自治
行集	行政事件裁判例集	判タ	判例タイムズ
東高民（刑）時報	東京高等裁判所民（刑）事判決時報	労判	労働判例
		労経速	労働経済判例速報

事項索引

A-Z
post-racism　*32, 112*

あ行
アイヌ民族　*161, 162*
アクセスの改善　*137*
アファーマティブ・アクション　*ii, 20, 24, 30-32, 36, 37, 40-48, 51, 54, 56, 60-66, 68-70, 73, 77-83, 87-95, 98-102, 105, 106, 110, 113, 125, 129, 135, 139-141, 154, 155, 161, 164-166, 168*
――禁止法　*46, 99, 100, 114, 141*

か行
懐疑主義（skepticism）　*73, 89*

逆差別　*25, 29, 33, 37, 166*
救済　*i, 14, 22, 24, 30, 31, 33, 37, 46, 53-64, 70, 72, 73, 75, 77-80, 82-86, 91, 92, 95-103, 105, 107, 111, 112, 116, 121, 122, 124, 125, 127, 132, 133, 146, 150-154, 157-159, 161-163, 168*

クォータ（割当制．quota）　*163, 164, 166, 167*
グループの権利　*157, 158, 165*

形式的平等（機会の平等）　*16, 17, 19, 20, 22-26, 28, 29, 31, 33, 34, 166*
結果の平等　*17, 19-21, 23-26, 29, 31*
ゲリマンダー　*95*
厳格審査　*4, 32, 37, 44-47, 49, 50, 51-58, 60, 61, 63-66, 68-78, 80, 82, 83, 85-98, 101, 102, 104, 105, 108, 110, 111, 114-117, 121, 122, 125, 127, 129, 133-141, 146, 147, 150, 159, 160, 168*
謙譲　*108, 111, 134-139*

合憲性審査基準　*30, 33, 34, 47, 48, 52, 53, 60, 64, 94, 111, 128, 159, 168*
構造的差別　*17, 24, 30, 162, 163*
公民権運動　*5, 39, 40*
公務就任権　*iii, 7, 8, 10, 160*
国籍法　*7-10, 13, 160*
個人の権利　*53, 61, 74, 76, 108*
個人の属性　*157, 165*

雇用機会均等委員会　*40, 41*
婚外子　*1, 5, 7, 9, 10, 12, 13, 14, 32, 160*

さ行
財の再配分　*4-7, 12, 14, 21, 34, 160, 162, 168*
差し迫った公共の必要性　*110*

実質的平等　*115-20, 22-31, 33, 34, 161, 166, 168*
社会経済的な不利益　*30, 33, 161*
社会権　*17-20, 22, 25, 27-29, 31, 33, 161, 166, 168*
社会国家　*4, 20, 22, 26, 31*
社会的人格　*122*
社会的不平等　*25*
自由主義　*21, 26, 168*
修正1条　*53, 54, 63, 70, 108, 149*
修正5条　*i, 36, 44, 46-51, 57, 63, 66, 69, 73, 74, 81, 85, 88, 89, 111*
修正14条　*i, 20, 36, 43, 44, 46-54, 60-63, 69, 71-73, 77, 81, 87, 96, 101, 107, 111, 114, 115, 129, 130, 132, 133, 137, 140, 159, 160, 165*
修正14条5項　*7, 48, 54, 55, 60, 62-64, 81, 84-87, 91-93*
終点　*109, 119*
自由と平等　*11, 19, 20, 25, 26*
州民発案　*145, 146, 152-154*
障害者差別禁止法　*161*
小規模事業法（SBA）　*66-68*
条件の平等　*18, 20, 21, 24, 29*
女性差別　*18, 159, 161, 163, 167*
人種
　　――バランス　*109, 113, 115, 118, 119, 125, 134, 147, 151, 154*
　　――統合　*39, 44, 46, 49, 113, 115, 119, 123-127, 139, 156*
　　人種中立的　*32, 62, 99, 109, 114, 120, 125-127, 135, 152*
　　――な手段　*111, 112, 115, 120, 121, 123, 125, 135, 138, 139*
人種的分断　*147, 151, 154*

政治的プロセス（political process）理論　*144, 149-154*

生存権的基本権　*18, 19, 21, 30, 31, 33, 161*
積極的差別是正装置　*25, 29*
1964年公民権法　*40, 42, 52, 96, 107, 114*
1965年投票権法　*40*

相当の数　*109, 110*

た行
多元主義　*156, 164*
多様性　*30, 44, 46, 53, 56, 62-64, 75, 82, 90, 95-98, 101, 102, 106, 108, 109, 112-121, 125, 133-139, 145, 151, 153, 154*
男女雇用機会均等法　*161*
中間審査　*44-46, 50-52, 54-56, 62-64, 70-72, 74, 75, 82, 89-91, 94, 97, 159*
調和　*74, 75, 79-81, 89*
定数不均衡　*7, 8, 160*
デュー・プロセス条項　*i, 44, 46-50, 85, 156*
統一性（consistency）　*73, 75, 76, 82, 85, 89*
トップ10％法　*130*

は行
バス輸送プログラム　*145*
肌の色にかかわらない（color blind）　*32, 126*
パリテ　*164, 165*
平等権　*i, ii, 4-8, 11, 2, 14, 17-21, 23, 25, 26, 29-34, 36, 37, 44, 46-50, 68, 86, 128, 153-163, 165, 166, 168*
平等原則　*i, 18, 22, 23, 26-28, 164-166, 168*
平等の世紀　*18, 29*
平等の要素　*27, 44, 48, 50, 111*
平等保護条項　*36*

福祉国家　*26*
普遍主義　*164-168*
分離すれど平等　*38*

法的な差別　*9, 30, 32, 125, 145, 153*

ま行
マイノリティー　*i, 41-44, 51-54, 60, 62, 63, 65, 67, 72, 79, 83, 84, 87, 96, 98, 100-102, 107, 109, 111, 112, 117, 118, 120, 127, 130-132, 137-139, 145-147, 150, 151, 154, 156, 158-161, 166, 168*
マグネット・スクール　*114, 115*
マジョリティー　*i, 6, 14, 139, 150, 156, 160-162, 166, 168*
ミスマッチ　*137*
民主主義　*4, 8, 18, 22, 26, 27, 149, 150, 152, 153, 168*
　──的合理性　*21, 22*

や行
有色人種地位向上全国協会（NAACP）　*38, 145, 146*
優先処遇　*17, 25, 30*

ら行
烙印　*52, 79, 137*

立法事実論　*14*
立法不作為の違憲確認　*29, 33, 161*
良性の（benign）　*63, 75, 76*

ロール・モデル　*56, 71, 80, 92*

わ行
割当制（quota）　*23, 24, 52, 53, 57-60, 78, 84, 108, 109, 164*

人名索引

A-Z
Alexander, L. *77*
Aung, K. M. *127*

Bok, D. *37, 38, 39, 40, 41, 42*
Bowen, W. G. *37, 38, 39, 40, 41, 42*

Cacace, R. *125*
Campos, S. J. *157*

Davis, N. *98*
Denniston, L. *152*

Epstein, R. A. *126, 152*

Fede, A. *5*
Fischbach, J. *125*

Gerken, H. K. *126*
Glazer, N. *41*
Griswold, E. N. *40, 42, 43*
Guinier, L. *154*

Hart, M. *139, 142, 151*
Heriot, G. *142, 152*
Hochschild, J. L. *100*
Hofer, E. *153*

Kahlenberg, R. D. *62, 98*
Karst, K. L. *50*

Leiter, S. *36*
Leiter, W. M. *36*

Malkin, M. *101*
Miskin, P. J. *90*
Morris, T. D. *5*

Oakes, A. R. *127*

Rhee, W. *125*
Rubenfeld, J. *56, 64, 77, 157*
Ryan, J. E. *124, 126*

Sanchez, R. *101, 102*
Shea, J. L. *138*
Sherry, S. *151, 153*
Spann, G. *151, 152, 154*
Stampp, K. M. *5*
Sullivan, K. M. *62, 100*
Sunstein, C. R. *100, 157*

Torres, G. *154*

Waldron, J. *165*
Wilkinson III, J. H. *126*
Wong, C. M-Y. *127*

あ行
アイゼンハワー（Eisenhower, D. D.） *38*
浅田訓永 *127*
芦部信喜 *25, 26, 27*
阿部照哉 *17, 22, 23, 24 28, 31*
有澤知子 *164*
アリトウ（Alito Jr., A.） *115, 132, 143*
伊藤正己 *19, 25, 140, 162*
岩沢雄司 *10*
上野恵司 *63*
ウォーレン（Warren, E.） *50*
浦部法穂 *i*
近江美保 *167*
大石 眞 *20*
大越康夫 *51*
大沢秀介 *60*

大脇雅子 *161*
オコナ（O'Connor, S. D.） *55, 56, 57, 58, 60, 61, 62, 63, 64, 65, 69, 71, 72, 77, 78, 80, 89, 90, 91, 92, 93, 100, 107, 126*
オバマ（Obama, B.） *32, 99*

か行
釜田泰介 *30*
紙谷雅子 *106, 112, 124*
川島正樹 *155*

菊池啓一 *164*
君塚正臣 *64*
ギンズバーグ（Ginsburg, R. B.） *65, 78, 79, 80, 85, 86, 87, 88, 90, 93, 101, 107, 110, 115, 124, 125, 132, 137, 138, 139, 143*

久保田きぬ子 *50*
グリスウォルド（Griswold, E. W.） *40*
クリントン（Clinton, B.） *98*

ケイガン（Kagan, E.） *132, 140, 143*
ケネディ（Kennedy, A. M.） *60, 61, 62, 64, 65, 69, 72, 77, 90, 107, 111, 115, 120, 123, 125, 126, 132, 139, 143, 147*
ケネディ（Kennedy, J. F.） *40*
ケルゼン（Kelsen, H.） *26*

小島敏文 *5*
小林 公 *27*
小林直樹 *19, 24*
近藤 敦 *11*

さ行
佐藤　功　16, 18, 19
佐藤幸治　18, 23, 28, 29, 30, 33, 161
佐藤達夫　16

シーゲル（Siegel, R. B.）
　32, 127, 139, 140, 157, 158
ジェイムス＝フォアマン Jr.　127
柴山恵美子　164
初宿正典　20
ジョンソン（Johnson, L. B.）　40
ジョンソン（Johnson, M. W.）　41
申琪榮　164

スータ（Souter, D. H.）　65, 78, 85, 86, 87, 90, 92, 94, 107, 115, 125, 137
末吉高明　162
スカリア（Scalia, A.）　58, 60, 62, 64, 65, 69, 72, 77, 78, 79, 87, 90, 91, 93, 107, 109, 110, 115, 126, 132, 136, 140, 143, 149, 152, 153, 154, 159
スチュアート（Stewart, P.）　52, 55, 70, 90
スティーブンス（Stevens, J. P.）　52, 55, 57, 58, 60, 61, 63, 65, 71, 76, 77, 78, 79, 80, 81, 82, 83, 84, 86, 87, 89, 90, 91, 92, 94, 107, 115, 123, 124, 125

ソトマイヨール（Sotomayor, S.）　132, 143, 150, 153, 154

た行
高橋一修　51, 107
高橋和之　10, 24, 25, 28
高見勝利　28
田上譲治　27
竹内康江　23

辻村みよ子　36, 165
常本照樹　5

ドウォーキン（Dworkin, R. M.）　i, 27, 31
戸田綾美　161
トマス（Thomas, C.）　65, 69, 77, 78, 79, 90, 107, 109, 110, 115, 122, 126, 132, 136, 137, 138, 140, 143
戸松秀典　27, 166

な行
中川　徹　60, 111
中里見博　36
中村睦男　28
中村良隆　8, 41

西村裕三　51, 53, 55, 63, 64

糠塚康江　163, 164, 165

根本　猛　165

野中俊彦　17, 22, 23, 24, 28, 31

は行
バーガ（Burger, W. E.）　52, 54, 55, 58, 59, 70, 86, 90
ハーラン（Harlan, J. M.）　126, 145, 146
パウエル（Powell Jr., L. F.）　52, 53, 54, 55, 57, 58, 69, 70, 71, 74, 84, 86, 90, 92, 97, 100, 108, 109, 116, 132, 133, 134
橋本公亘　23, 27
早川眞一郎　10

東川浩二　8
樋口陽一　24

フィス（Fiss, O. M.）　127, 157, 165, 168
藤井樹也　124, 126
藤倉皓一郎　124, 127
ブッシュ（Bush, W.）　99

ブライア（Breyer, S. G.）　65, 85, 87, 90, 95, 101, 107, 115, 117, 123, 124, 125, 127, 132, 143, 145, 149, 152, 154, 157
ブラックマン（Blackmun, H. A.）　52, 53, 55, 56, 57, 58, 62, 63, 71, 72, 90
フランクファータ（Frankfurter, F.）　89, 133
ブレナン（Brennan Jr., W. J.）　52, 53, 55, 56, 57, 58, 62, 63, 71, 90

ベネディクト（Benedict, M. L.）　5
ベル（Bell, D. A.）　38, 156

ボニーラ‐シルヴァ（Bonilla-Silva, E.）　33, , 127, 162
ホワイト（White, B. R.）　52, 53, 54, 56, 57, 59, 60, 61, 63, 70, 71, 72, 78, 89

ま行
マーシャル（Marshall, T.）　52, 53, 55, 56, 57, 58, 60, 61, 62, 63, 71, 90, 91
巻美矢紀　159
松井茂記　8

三浦まり　163, 164
三井マリ子　164
宮沢俊義　4, 5, 18, 21, 31, 34

棟居快行　10

毛利　透　99, 124
茂木洋平　154

や行
山内敏弘　11, 12

横坂健治　19, 20, 32
横田耕一　i, 40, 64, 157

吉岡宏祐　*141*
吉田仁美　*14, 163*
ヨシノ（Yoshino, K.）　*156, 161, 164*

ら行
ラートブルフ（Radbruch, G.）　*26*

レーンクイスト（Rehnquist, W. H.）　*52, 55, 58, 60, 61, 63, 64, 65, 69, 70, 72, 77, 78, 89, 90, 107, 110, 111*

ロールズ（Rawls, J.）　*i, 27, 31*

ロバーツ（Roberts Jr., J. G.）　*115, 117, 123, 125, 132, 143, 149*

わ行
和田鶴蔵　*23*

初出一覧

第3章:「実質的平等の理論」同志社法学 64 巻 7 号(2013 年)2693 頁

第4章・第8章:「高等教育におけるアファーマティブ・アクション」関東学院法学 13 巻 3 号(2003 年)49 頁

第6章・第7章:「米国におけるアファーマティブ・アクションの合憲性審査基準の動向」同志社法学 53 巻 7 号(2002 年)566 頁

第8章:「人種優遇策(アファーマティブ・アクション)」アメリカ法判例百選(2012 年)84 頁

第9章:「憲法訴訟研究会(第 132 回)学校における人種差別撤廃の最近の動向―Parents Involved in Community Schools v. Seattle School District No.1,127 S.Ct. 2738(2007)」ジュリスト 1375 号(2009 年)119 頁

第10章:「大学におけるアファーマティブ・アクションの基準の厳格化―Fisher v. University of Texas at Austin, 133 S. Ct. 2411(2013)」比較法学(早稲田大学)48 巻 1 号(2014 年)192 頁

第11章:「高等教育における狭い範囲の人種的考慮の許容と,州有権者の政策選択の自由―平等権法理の動向」ジュリスコンサルタス(関東学院大学法学研究所紀要)24 号(2015 年)57 頁

著者紹介

吉田仁美（よしだ・ひとみ）
同志社大学大学院法学研究科博士後期課程退学。憲法学，アメリカ憲法学専攻。関東学院大学法学部教授，ニューヨーク州弁護士。『遺伝情報と法政策』（分担執筆，成文堂，2007 年），『アメリカ最高裁とレーンキスト・コート』（分担執筆，成文堂，2009 年），『スタート憲法』（編著，成文堂，2010 年），『エスプリ・ド・憲法』（共著，ナカニシヤ出版，2012 年）ほか。

平等権のパラドクス

2015 年 3 月 31 日　　初版第 1 刷発行

　　　　　　著　者　吉田仁美
　　　　　　発行者　中西健夫
　　　　　　発行所　株式会社ナカニシヤ出版
　　　　　　〒606-8161　京都市左京区一乗寺木ノ本町 15 番地
　　　　　　　　　　　Telephone　075-723-0111
　　　　　　　　　　　Facsimile　075-723-0095
　　　　　　　Website　http://www.nakanishiya.co.jp/
　　　　　　　　Email　iihon-ippai@nakanishiya.co.jp
　　　　　　　　　　　郵便振替　01030-0-13128

印刷・製本＝創栄図書印刷／装幀＝白沢　正
Copyright © 2015 by H. Yoshida
Printed in Japan.
ISBN978-4-7795-0920-9

本書のコピー，スキャン，デジタル化等の無断複製は著作権法上の例外を除き禁じられています。本書を代行業者等の第三者に依頼してスキャンやデジタル化することはたとえ個人や家庭内での利用であっても著作権法上認められていません。